ハーバード生たちに学んだ

15 RULES FOR PARENTS TO HELP CHILDREN GROW OUT OF THEIR COMFORT ZONE

「好き」と「得意」を伸ばす子育てのルール15

MARI HIROTSURU

廣津留 真理

KODANSHA

PROLOGUE

ハーバードのインターン生たちから学んだこと

現役ハーバード生が教えるサマースクールの誕生

娘のすみれがアメリカのハーバード大学に合格し、大学の寮に入った2012年。私が地元・大分の大好きな温泉に浸かっていたときのことです。独身時代に始めて、結婚してからは家事・育児の傍ら、地元で寺子屋的に小中高校生に英語を教えてきた私は、子育てが一段落したのを機に、起業することを思い立ちました。英語教室を法人化して、より多くの子どもたちにひろつるメソッドを届けよう、と考えたのです。その活動の一環としてひらめいたのが、現役のハーバード生を講師として大分に呼ぶサマースクールの設立です。

すみれは大分からハーバードへ飛び込み、アメリカ流カルチャーを学ぶことになるわけですが、その恩恵へのお返しとして、ハーバード流カルチャーを日本の子どもたちに伝え、さらにはハーバード生たちに日本のカルチャーを伝えることができたら、素晴らしい国際交流になるはず。日本の子どもたちが、世界トップの知性を持つ若者たちと触れ合って自らの可能性を開花させ、世界へと羽ばたいていく……。そんな未来のイメージに、いてもたってもいられなくなったのです。そこで、サマースクールもすぐさま法人化しました。

たいていのハーバード生たちは夏休み中、名だたる企業でインターン活動をします。そうして、ひと夏・7週間のインターン期間に高額のインターン料を稼ぐのです。そんな彼らに、NASAやグーグル、マイクロソフト、マッキンゼーの代わりに、立ち上げたばかりの我が社でインターンをしてもらおう！（渡航費・宿泊費・食費を出す代わりにボランティアで）という、今思えば無謀な試みでした。

サマースクールのプログラム名は「Summer in JAPAN（以下ＳＩＪ）」に決定。ただ、資金ゼロだったため、すべてが手探りです。まずはホームページで、小中高校生の受講生とハーバード生の講師を募集。ただ、これだけではハーバード生までリーチが見込めないため、ハーバード生が発行する雑誌に広告を出したり、ハーバードの学生寮に案内をお願いしたりしました。

説明会を開いたこともあり、受講生は初回としては上出来の60名近くの申し込みがなんとか集まりました。ところが、肝心の講師募集には、ハーバード大学からたった１人の応募もありません。「このままでは開催不可能になってしまう。申し込んでくださったみなさんに謝罪して、サマースクールのために押さえた会場もキャンセルしなければ……」と、胃のキリキリが最高潮に達した応募締め切り前日。締め切り時刻の夜中12時の２分前から、雪崩《なだれ》を打ったようにハーバード生たちからのインターン申し込みメールが届き始めたのです。すみれいわく「何事も締め切りギリギリにするのがハーバード生」なのだそうです。

そんなふうにスタートしたのが、２０１３年より毎年大分市で開催しているサマースクールＳＩＪ。講師希望者として、毎年現役ハーバード生１００名ほどの応募があり、その中から私自身が筆記テストと面接で12名を選びます。さらに世界約15ヵ国、国内25以上の都道府県から、7〜18歳の子どもたちが大分市に集まり、コンピュータ・サイエンスやエッセイ・ライティング（英作文）、パブリック・スピーキング（英語プレゼン）、パフォーミング・アーツ（舞台表現）を学びます（２０２０〜２０２１年のコロナ禍においてはオンライン開催。２０２２年からは大分開催を再開）。

コロナ禍を機に、ハーバード大学のコンピュータ・サイエンス専攻の超優秀なエンジニアたちとオンライン学習サイトを新規に構築。ＳＩＪだけではなく、本体のディリーゴ英語教室も、全面的にオンラインレッスンに移行することができました。おかげで大分だけでなく、全国、そして海外からもレッスンを受けていただけるようになったのです。

大分市で開催されたSummer in JAPANの様子。
プレゼンテーション（上）やパフォーミング・アーツ（下）をオールイングリッシュで学ぶ。

ＳＩＪの講師採用試験やサマースクールで出会ってきたハーバード大学の学生たちは、世界の名だたる企業や研究室でのインターン経験を持つ世界トップクラスの頭脳の持ち主たちです。けれど、日々やり取りをする中であらためて感銘を受けてきたのは、その頭脳よりもむしろ彼らの人間性の素晴らしさです。彼らには毎日、チームでクラスを担当してもらうのですが、「理論担当」「実践担当」など、その場で臨機応変に役割分担をし、子どもたちを巻き込むクラスを作り上げてくれます。さらに、インターン生同士には、お互いに心を開いてリスペクトしあう素晴らしいチームワークが生まれます。

自分に自信があり、自己肯定感に溢れているからこそ、人に頼り、他者を尊重することができる。単に〝頭がいい〟のではなく、自分の得意を持ち、それを惜しみなく差し出し、自分に足りないスキルは他者のサポートに頼る心の余裕と、サポートを得るためにはマストな相手への敬意があるのです。

未来を生きる子どもたちに必要なスキル

このような人間性やコミュニケーションスキルは、何もハーバードを目指さなくても、これからのグローバル社会を生き抜く子どもたちに必須なものです。今のように入試テスト対策ばかりしていても、肝心のテストそのものが消滅する時代が来たら、他に複数の得意やスキルがある子どもたちが生き延びます。実際に、これまでの尺度で学力を測る共通ペーパーテストは、アメリカの大学入試からなくなっていく傾向があります。

これは、アメリカだけのことでしょうか？　オンラインで全世界がつながるこの時代、広い世界を舞台に子どもたちが自分らしい人生を輝かせるためには、「点数や偏差値を上げて受験で勝ち抜いて、大企業に入ってくれたらいい」というこれまでの大人の常識は通用しません。

そして、子どもの自己肯定感を育み、得意を伸ばし、コミュニケーションスキルや人間力を上げ、自分の頭で考える力を伸ばす方法は、学校では教えてくれません。まずは家庭で伸ばすしかないのです。

「〜しなさい」と言わない家庭環境

娘が「ハーバード大学に入った」と言うと、単に「世界ランキング上位の大学に合格した」と受け取る方が大半かもしれません。けれど、2012年当時に画期的だったのはむしろ、日本にいながらにして海外トップ大学を受験する、という選択肢があることを示したことでしょう。

娘のすみれが生まれたときに願ったのは、世界190ヵ国以上の国のどこでも自分の力で生きていける子になってほしい、ということ。そのためにはまず、娘が自分の好きなこと、得意なことを見つけて伸ばしていけるように応援しよう、と考えたのです。

娘は、小中高とずっと地元・大分の公立校に通い、塾にも18年間まったく行きませんでした。それは私が、学力テストによる偏差値という1つの物差しで測られてしまう日本の教育に疑問があったから。**そこに労力を割いていると、自分の「好き」と「得意」を探究する時間もコストも足りなくなってしまう**と考えたからです。やがて娘は、自分が好きなバイオリンを最優先に考え、それを自分の「得意」として磨いていくことになります。

ハーバード受験を決めたのは、娘の意思。受験のきっかけは、ハーバード大学のキャンパス見学でした。

娘は高校2年生のとき、旅費・宿泊費など100％の奨学金を得て、バイオリン演奏の全米ツアーに出かけました。カーネギーホールやニューヨーク大学などでコンサートを行い、その帰りにハーバード大学をなんの気なしに訪れたのです。そこで、その自由闊達な雰囲気にすっかり魅了され「ここなら学問と自分の好きなバイオリンを両立できる」と考えたのだそうです。娘自身が、自分にフィットする教育機関として見つけたのが、たまたまハーバードだった、というわけなのです。

アメリカの大学の共通学力テストであるSATは日本の会場で受け、ハーバードの先生との面接も自宅からオンライン受験です。

娘が塾なし・海外留学なし、家庭学習だけで公立校からハーバード大学に合格したのは、たしかに受験を思い立ってから、10ヵ月間猛勉強をしたからです。単語から英作文、スピーキングに至るまでの全英語力は、彼女自身が独学で身につけたものです。私が娘との家庭学習を楽しんでいたのは、彼女が10歳のときまで。あとは、娘の学習には口を出さないようにしました。

「勉強しなさい」と言われずとも、彼女にそれができた理由。それは、親に言われなくても1人で勉強する習慣と新しい知識への探究心を小さいうちに身につけていたからです。そしてその習慣と探究心を身につけられるかどうかは、家庭での親の日頃の言動にかかっているのです。

本書でお伝えするのは、私自身が娘のすみれが10歳になるまで実践した子育て・家庭教育と、1000人以上のハーバード生との交流を通して得た知見です。

探究心を持って自分の「好き」を自ら学習する子。自分の得意を見つけて伸ばせる子。成長の過程で自己肯定感とコミュニケーションスキルを磨ける子。世界のどこに行っても自信を持って活躍できる子。そんな子どもを育てる親が「やっていること」「やらないこと」、そしてその取捨選択法をお伝えします。

2023年初夏　廣津留真理

PROLOGUE
ハーバードのインターン生たちから学んだこと
現役ハーバード生が教えるサマースクールの誕生 —— 003
世界トップの学生が持っているもの —— 006
未来を生きる子どもたちに必要なスキル —— 008
「～～しなさい」と言わない家庭環境 —— 009

CHAPTER 1
「好き」と「得意」を伸ばす親がやっていること
ルール01 比較せず自分軸で100%ほめる —— 020
伸ばせない親：「うちの子できないんです」と言う
伸ばす親：「うちの子には引き出されるべき才能がある」と信じる
ルール02 笑顔とユーモアを大切にする —— 025
伸ばせない親：表情が暗い
伸ばす親：笑顔でよくしゃべる

ルール03 「勉強しなさい」と言わない —— 031
伸ばせない親：〝NO〟という否定語で会話する
伸ばす親：〝YES〟を使って会話する

ルール04 子どもを幼稚な存在として扱わない —— 040
伸ばせない親：英語学習は歌やゲームでスタート
伸ばす親：英語学習は単語の大量インプットからスタート

ルール05 するべきことの優先順位をつける —— 047
伸ばせない親：課題をすべてこなすことを重視
伸ばす親：学習の無駄時間をなくして得意を伸ばす

ルール06 子育てのゴールから逆算する —— 053
伸ばせない親：大学や職業をゴールに設定する
伸ばす親：好きなことに取り組める環境を用意する

ルール07 TODOリストを作る —— 061

伸ばせない親：小さいうちから大量の課題を与える
伸ばす親：タスクを細分化して1つの課題は短い時間で終える

ルール08 本音で話さない —— 071
伸ばせない親：ネガティブな気持ちをそのままぶつける
伸ばす親：ポジティブな気持ちに変換して伝える

ルール09 リビングで会話する —— 079
伸ばせない親：相手に合わせることを重視する
伸ばす親：ちょっとしたことに疑問を持つ機会を与える

ルール10 ロジカル思考ができる —— 087
伸ばせない親：周りの空気を読むのが上手
伸ばす親：先に自分の主張を伝えられる

ルール11 「将来、何になりたい？」と聞かない —— 096
伸ばせない親：職業を名詞で考える
伸ばす親：職業を動詞で考える

ルール12 ゴールを先に見せる —— 103
伸ばせない親：簡単なことに時間をかける
伸ばす親：難しいことから先にする

ルール13 自己肯定感を育む —— 112
伸ばせない親：命令する
伸ばす親：対話する

ルール14 家庭を安全地帯にする —— 123
伸ばせない親：「正解は1つ」と思っている
伸ばす親：子どもがした選択こそが正解と考える

ルール15 進学先は世界中にあると考える —— 130
伸ばせない親：日本の大学が経済的と考える
伸ばす親：学費定額を疑う

CHAPTER 2

親子対談・廣津留真理×廣津留すみれ 母娘で楽しんだ「家庭学習」という「遊び」

英語学習は文法説明をすっ飛ばす —— 142
最初に難しいことをするとあとがラク —— 145
読解は宝探し —— 148
時間の無駄を削り、タスクを取捨選択するクセをつける —— 151
TO DOリスト作りは大人になっても役立つ習慣 —— 153
相手の時間を無駄にしないハーバード生 —— 154
親の古い価値観で縛らない —— 155
重視されるのは学歴ではなく人間性 —— 158
大切なのはオープンマインドであること —— 160

CHAPTER 3

1日5分！ ひろつる式・英語学習メソッド

知っておきたい！「英語」には2種類ある —— 164
英語は単語が9割 —— 166

ハーバード生の履歴書に登場する単語 —— 167
「大切」を〝important〟以外の単語で表現できる？ —— 169
「プラス1」の負荷で〝暗記脳〟を育てる —— 170
笑顔で見守り、100%ほめて可能性を引き出す —— 171
家庭でできるひろつる式・英単語暗記学習 —— 173
小さい子どもが単語暗記をスタートするなら —— 178
英語センテンスの丸暗記で文法も自然に身につく —— 180
ひろつるメソッドのルール —— 184

EPILOGUE 家庭を子どもの「安全基地」に —— 187

デザイン 吉田憲司（ツマサキ）
イラスト 橋本沙和
撮影 恩田亮一（p.141、176、182）

CHAPTER

1

「好き」と「得意」を伸ばす親がやっていること

ルール 01

比較せず自分軸で100%ほめる

伸ばせない親：「うちの子できないんです」と言う
伸ばす親：「うちの子には引き出されるべき才能がある」と信じる

伸ばせない親が口にする言葉

これまで様々なご家庭のお子さんを見てきた経験上分かる、伸びる子、伸びない子の決定的な違いが1つあります。伸ばせない親御さんが必ず使う言葉があるのです。

それは、「うちの子できないんです」という言葉です。

ただ、見ていて思うのですが、親が「勉強できない」と思っているお子さんのほとんどは、勉強を習慣化できていないだけ。勉強を習慣化する環境を整えるのは、親の仕事です。その**環境作りの大前提は何かというと、親が子どもにダメ出ししない、否定文で語らない、ということ**です。

「ダメ出ししないと、ずっとゲームしてるんです」「漫画ばかり読んでいるんです」と言う親御さんがいます。だったら「うちの子、ピアノばっかり弾いていて」「うちの子、本読んでばかりで」と嘆く親がいてもおかしくないと思うのですが、あまり見かけません。

ゲームするより悪いのは、それを責めることです。責められると、子どもは罪悪感でいっぱいになって、達成感ゼロです。ゲームに費やした時間が無駄ということになってしまい、自己肯定感が下がるだけ。

大人はよく子どもに「将来の夢」について聞きますよね。今だったら人気は、ゲーム・プログラマーやゲーマー、漫画家、ユーチューバーでしょう。子どもに「好きなことを見つけなさい」「夢を見つけなさい」と言う一方で、好きなことをしているのにダメ出し、否定するのは矛盾しています。「なりたいものになりなさい」と言いながら実は、「一流企業に入ってほしい」「安定した職業についてほしい」と思っているわけです。

子どもの「好き」と「得意」を伸ばす親の共通点

「でも、好きなことを職業にして生活できるのは、ほんの一部の人だけだから」。そう言う親御さんは、自分の子には特別な才能がある、と思えない人たちです。

子どもを伸ばす親に共通するのは、「自分の子には引き出されるべき才能がある」と信じる力です。たとえ口に出さなくてもそう信じていて、そういう人はけっして「うちの子できないんです」とは言わないものです。「なぜそんなことを信じられるの？」と思う人もいるかもしれませんが、**「できない」というのは、他の子と比べるから出る言葉です。**

自分の子どものいいところを見つけようとしないで、ダメなところばかり探してしまうのは、

1 人と比べてできないところが気になる。

2 突出しているより満遍なく平均以上でいてほしい。

3 我が子にできないところがあるとダメな親と思われそう。

という極めて他人軸な発想と言えるでしょう。たとえば学力テストというのは、本来の目的はたったの2つのはずです。

1 その子の個性や得意を見出して、伸ばしてあげるため。
2 今どのくらい理解しているか到達度を見て、さらに伸ばしてあげるため。

減点方式で、「○○くんは、数学が平均点に満たないのでダメね。個別学習コースを取って成績を上げて追いつかなきゃ」と、常にマイナスの埋め合わせに追われるのでは、本末転倒です。娘のすみれは、**18年間塾なし、小中高は公立だったため、かかった教育費はたった50万円でした。**その分、好きなバイオリンに打ち込み、得意を伸ばすことができたのです。

「教育費がかかる」とよく言われますが、それは、満遍なく平均以上でいてほしいと思うから。人と比較し、足りない部分を埋めようとすれば、時間もコストも積み上がっていきます。

自分の子どもを自分の基準で信じられる人は、発想が自分軸です。他の子と比べたり、世間の目を気にしなければ、10問の中の5問できただけでも、「ええっ、5問しかできなかったの?」ではなく、「5個もできたの? すごい!」とほめられます。親が自分軸を持って100%ほめる積み重ねが、子どもを伸ばす環境となるのです。

10年後、いえ、5年後には、どんな職業や会社が残っているか分からない時代です。価値観が激変しつつある今、これまでの価値観にとらわれずに未来に生きる子どもたちには、チャンスがあります。どうか他人軸な発想を捨てて、お子さんを信じるところから始めてください。

ルール 02

笑顔とユーモアを大切にする

伸ばせない親：表情が暗い
伸ばす親：笑顔でよくしゃべる

伸びる子の家庭はよくしゃべる

これまで数々のセミナーやレッスンで1万人以上の親子を見てきましたが、子どもを「伸ばす親」「そうでない親」の違いとして、はっきり言える特徴が1つあります。「伸びる子」が育つ家庭に共通する要素。それは、親の学歴でも経済力でもありません。

「伸びる子」が育つ家庭の特徴とは、とにかく明るいこと。親御さんの表情が明るいのです。逆に言えば「伸びない子」は、本人もですが親御さんもなぜか表情が暗い。この違いはズバリ、家庭内の会話に、ユーモアと笑顔があるかどうかです。

面談をしていても分かります。親と一緒にいる子どもがまったく話さないか、話しても親と同じことしか言わない、という家庭があるのです。こういう家庭では、子どもが親の顔色を窺《うかが》って、親の言うことを黙って聞いているため、発想がそれ以上伸びていきづらい。

一方で、「伸びる子」の家庭は、親もよくしゃべるし、子どもも負けずによくしゃべる。それどころか、子どもの発言は親の口真似ではなく、オリジナリティがあるので、話が討論になって発展していったりします。**日頃から、親子で心をオープンにした本音の意見の交換をできている**からこそです。

大事なのは「失敗できる」安心感

なぜユーモアが大切かというと、ユーモアは、失敗を笑い飛ばせるくらいの心の余裕から生まれるからです。

「どうして〜〜できないの」「〜〜できないなんてダメじゃない」と、失敗を1つ1つカウントしていく「減点方式」の家庭は、途端に笑顔がなくなり、暗くなります。そういう家庭で育った子どもは、「失敗したくない」という気持ちが先に立ち、間違えを極端に恐れるようになります。「失敗なんてしないで育ったほうがいいんじゃないの？」と思われる方もいらっしゃるかもしれませんが、**失敗を恐れて育つことの問題は、「間違えるくらいなら何もしないほうがいい」と、新しいことへのチャレンジをしなくなってしまうことです。**新しい挑戦をして小さな達成感を積み重ねたり、自分の得意を見つけたりする機会のないまま、「どうせ私の意見なんかたいしたことない」と、低い自己肯定感が一生モノになってしまうのです。

一方で、**笑顔とユーモアがある家庭の子どもは、安心して失敗したり間違えたりできます。**「間違ってもOK。あとで修正すればいいのだから」と、自分の考えや主張を親や先生といった周りの大人たちに堂々とアピールできます。このコミュニケーション能力や自己肯定感が、のちのち社会に出てから大きな支えになることは言うまでもありません。なぜなら、世の中に1人でできる仕事はなく、自分の得意を差し出して、相手に苦手をフォローしてもらう、という関係性を築くためには、いわゆる〝かわいげ〟があることがマストだからです。〝かわいげ〟は、どんなに優秀でも、それだけでは生まれません。失敗も笑い飛ばせるようなユーモアある関係性に育まれて、初めて身につけられるものなのです。

私がＳＩＪの講師の仕事をお願いするハーバード生たちは、もちろんみんなものすごく優秀なのですが、それだけでなく例外なくこの〝かわいげ〟を身につけています。それというのも、彼らは親に減点されるどころか〝I'm proud of you.（あなたを誇りに思うよ）〟と言われながら育っているからです。

娘のすみれのハーバードの入学式でも、5分に1回は笑いが起こっていました。堅苦しいはずの式典でも、学部長などの登壇者と次の登壇者のスピーチの間には、学生のコンビが現れて、コメディを披露するのです。

会話に笑いがあるのはコミュニケーションの基本

子どもが変わる魔法の言葉がけ

「え、今さらユーモアなんて」「子育てにユーモアが必要なんて聞いたことない」という声が聞こえてきそうです。けれど、何も芸人さんみたいなお笑いを披露しろ、ということではないし、もちろん駄洒落《だじゃれ》を言えばいいわけではありません。ユーモアとはつまり、会話に緩衝材、クッションがあるということです。

どうしたら家が明るくなるのか分からない、という方のために、今すぐできる方法をお教えしましょう。否定文で考えたら、肯定文に変換して言葉がけすることです。いわゆるリフレーミングです。たとえばこうです。

否定文：「こんなこともできないなんてダメじゃない！」
↓**肯定文**：「これができたらもっとすごい子になるね！」
否定文：「なんで算数のテスト、70点しか取れなかったの？」

↓**肯定文**：「お母さんなんて昔、いつも50点しか取れなかった。すごい！」

否定文：「宿題まだやってないの？」

↓**肯定文**：「宿題大変なのねえ。〇〇くんのお小遣いから、宿題お助け先生雇っちゃえ！」

ユーモアが成立するにはまず、相手を幸せな気分にしたいという愛情、発言を笑顔で受け止める包容力が必要だということです。それにプラスして、同意語・反意語・派生語など豊富な語彙《ごい》を駆使できる教養、その場の文化や慣習を察知して瞬時に応用する瞬発力もあるとベスト。**ストレートに否定せず、クッションをはさむ。減点方式をやめて、笑顔で全肯定する。**これを毎日積み重ねているだけで、家庭は確実に明るくなり、子どもは劇的に変わります。

未来を生きる子どもたちは、可能性のかたまりです。大人に遠慮して空気を読むことなく発言したり行動したりできると、子どもたちは自分の可能性を存分に伸ばせるのです。そこで大切になってくる子育てのスキルが、ユーモアというわけです。このスキルを磨くために、大人である私たちも、日々、自分を磨くための学びを続けたいものです。

ルール 03

「勉強しなさい」と言わない

伸ばせない親：〝NO〟という否定語で会話する
伸ばす親：〝YES〟を使って会話する

「勉強しなさい」と言わずに育てられる!?

英語レッスンへの入会相談やセミナーなどで、多くの保護者に聞かれる質問があります。「子どもが勉強しないんです。どうしたらよいですか」

本当にみなさん困っていらっしゃいますね。

私は娘のすみれが子どもの頃、「勉強しなさい」と言ったことは一度もありませんでし

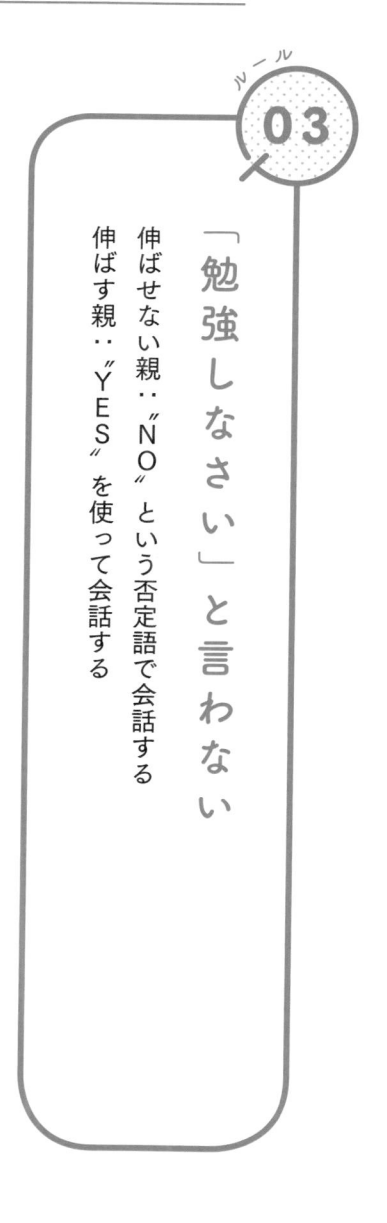

た。言わずに自ら楽しんで学び始めるように、家庭内で仕掛けをしていたことはこのあとでもお話しします。『勉強しなさい』『宿題しなさい』と親に言われたことはなかった」というのは、私が出会ってきたハーバード生たちも決まって口にすることです。

ただ、勉強をしない子どもを見ていて心配になる、イライラしてしまう、このままでいいのか不安になる……そんな親御さんの気持ちも分かります。けれど、そこで「勉強しなさい」と言ったからといって、突然自分で勉強し始める子どもになってくれるわけではないのは、みなさんよくお分かりだと思います。

この問題にお答えします。解決策はただ1つしかありません。

子どもは実は勉強しています。その事実を認めないあなたがそこにいるだけ、と気づくことです。**唯一の解決法は、子どもは勉強している、とまず認めること**なのです。

子どもは自分なりのペースと量で学んでいます。なぜ認められないかというと、子どもに期待しすぎているからです。親の期待値マックス100とすると、子どもが20できたとしても、どうしてもそれを「勉強している状態」とは認めたくないわけです。もったいないですね、20もできているのに。

「うちの子勉強しないんです」と言わない自分になる練習で、人生をラクにしましょう。

今からご紹介する〝YES〟〝AND〟は「インプロ」と呼ばれる、即興劇に用いられるポジティブコミュニケーションのメソッドです。即興のコミュ力や表現力をロールプレイで練習します。多くの企業や教育機関で採用されて結果を出しています。相手が安心して好きにアイディアを出せるようにして、クリエイティブに自由に学べるようにお互いの関係性を築く方法です。

〝NO〟という否定語を使わない練習

私たちは日頃、〝NO〟という否定語を使いすぎて、自分が〝NO〟と言っていることにさえ気づいていない、と言われています。そこで、否定語を使わない言葉がけの練習をしてみましょう。ルールは2つです。

1語目：YES

「どんな意見でも私はあなたの話を聞いています」という姿勢を伝える発言をします。

2語目：AND

相手の話がどんなにありえなかったりつまらなかったりしても拒否しない、前向きな一言を加えます。

たとえばこんな感じです。

【言葉がけの例】

子：もう疲れた……。

○**親**：**よく頑張ったね！**《YES》 **それならおやつにしよう。**《AND》

×**親**：え、まだ30分しかたってないでしょ！　頑張りなさい。

では実践編です。あなたならどんな言葉がけをしますか？

【言葉がけの実践編】

子：もうやりたくない。

親：（YES　　　　AND　　　　）

できましたか？　答えを見てみましょう。

【解答例】

子：もうやりたくない。

○**親：そうだね！**（YES）**パパ（ママ）が子どもの頃にはそんなにできなかったよ。すごいね！**（AND）

×**親：**何言ってるの、このくらいで！　受験はもっと厳しいのよ。

こんな感じで日常の言葉がけに取り入れてみてください。絶対の正解というのはありませんが、とにかく明るく言葉をかけるのがポイント。否定された子どもはストレスを抱えます。親子がそれぞれストレスを溜めず、ラクに生きていくには、

1 コントロールを手放す。

2 相手のペースに合わせる。

3 自分が変わることで関係性を楽しいものにする。

大切なのは、これです。相手が我が子であっても、親が思っていることをすべて口に出すのは「正直」ではなく、「わがままの押しつけ」。自分の思い込み（「うちの子は勉強していない」）を捨てて、自分が変われば、相手も変わります。

「なぜ勉強するのか」という問いへの答え

一方で、親御さんがお子さんによく聞かれる質問はこちらではないでしょうか。

「どうして勉強しなきゃいけないの？」

この問いへの答えに詰まる、という相談を受けることもたびたびあります。この質問への答えもただ1つです。

「一生学び続けるのが人間だから」

大人だって、学校を卒業したらそこで勉強は終わり、ではありません。時代は刻々と移り変わり、それに伴って世の中の常識も変化していきます。社会の変化に応じてスキルを身につけていかなければ、仕事は「労働」になってしまい、生きがいもお金も入ってきません。

〝Love for Learning〟こそ、すべての人が心豊かに生きていくうえで欠かせないものだと思います。大人も学び続けている姿を見せることが、子どもへの何よりの回答となるでしょう。

私自身、コロナ禍で、主宰するディリーゴ英語教室を対面からオンラインに切り替えました。理系的な知識はまったくゼロだったのですが、その際、一念発起しハーバード大学のコンピュータ・サイエンス専攻のみなさんからコンピュータ・サイエンスの根本を習ったのです。その考え方がとても役立っています。人は、何歳になっても新しく学べる、新鮮な発想が持てるという例だと思います。

子育ては未来の社会への貢献

ちなみに、私は娘を怒ったことも、一度もありませんでした。たしかに親自身にも、きついとき、余裕がないときはあるでしょう。すると、そのままの心で子どもに対峙《たいじ》しがちです。でも、子どもは大人より経験も知識も少ないので、平等ではありませんよね。

1 深呼吸して、

2 落ち着いてから、

3 もう一度よくお子さんを見つめてください。

かわいいですよね。怒るより、ほめましょう。ほめたほうが100倍、1000倍の効果があります。それでもダメなときは、こう考えます。——今の子育ては、未来につながっている。我が子が育ち、社会で生かせてもらい、その社会がよくなり、どんどん未来につながっていく。私は今、親として、未来の地球を作る、そんなすごい現場に立っているのだ。

本当に、子育て中の親御さんはみなさん、すごいお仕事をされているのだと思います。

子育ての長期目標を「よりよい社会、よりよい未来を作る人間を育てること」と考えたら、「今日、勉強していない」と見える子どもへの言葉がけも変わるはずです。目の前の我が子の未来、その先の未来、その先の先の未来、そう考えるとワクワクします。

今日やっている小さな子育てから、未来が紡ぎ出されるのです。なので、怒らないで、長い目で見てあげましょう。子どもは未来からの使者なのですから。

ルール 04

子どもを幼稚な存在として扱わない

伸ばせない親：英語学習は歌やゲームでスタート
伸ばす親：英語学習は単語の大量インプットからスタート

子ども英語にABCの書き取りは不要

I like apples.

どんなに英語が苦手、という日本人でも、これくらいの英文は読めますね。ネイティブでしたら幼児でも、言えて読めて書けます。けれど、この1分でできることを1年かけているのが、日本の英語教育です。「Iは人称代名詞の単数主格」「likeは一般動詞の現在形」といった具合に、難しい言葉で文法説明が入るからです。

「英語くらいできなくては」と、幼児のうちから英語教室に入れて学ばせる保護者も多いと思いますが、そこで行われているのはたいてい、英語の歌を歌ったり、ゲームをしたり、ABCのアルファベットを書いたり、といったことでしょう。

私が主催する英語教育、家庭教育のセミナーにいらっしゃるお父さんお母さんたちはみなさん、「10年先、20年先の社会でも、世界のどこでも生きていける子を育てたい」とおっしゃいます。私も同感ですが、ネイティブの幼児レベルの内容を時間をかけて学んでいて、果たして社会に出るまでに一生モノのグローバル英語を身につけることができるのかは疑問です。

子どもの英語学習には、ABCの書き取り不要、歌やゲーム不要、文法説明不要、というのが私の持論。娘のすみれとも、この方針で家庭学習し、すみれは4歳で英検3級に合格し、小学生のときには大学センター試験（現大学入学共通テスト）の英語の長文読解問題を解いていました。

すみれと実践した家庭学習をベースに私がオンラインで行っている単発レッスン「英語ゼロから一気に中2終了レッスン」は、たった1回75分の英語学習で、経験なしの幼児でも小学生でも、英検4級レベル（中学2年生終了程度）まで一気に到達します。ABCも書けないお子さんが、レッスンに入って75分後には、保護者世代が中2で習っていた英語長文が分かるのです。子どもを「幼稚」な存在として扱っているのは大人だけ。子どもは驚くほどのスピードであらゆる知識を吸収していく、未来からきた人類なのです。

まずはロケット噴射で英語を大量にインプットする

英語をロケットスタートで身につける近道は、英単語と英文にできるだけたくさん触れること。**英語学習はとくに「単語が9割」です。**ひろつるメソッドでは、アルファベットの書き取りはすっ飛ばし、大量の単語暗記からスタートします。暗記の重要性を強調すると、「やはり表現力が大事でしょう」というふうに言われます。でも、**覚えている単語が少なすぎたら、表現力を示しようがありません。**

家庭学習で小さいときから多くの英単語を脳に刻み込み、多くの英文を読むクセをつけてインプットを増やしておけば、やがて読めて書けるようになり、機会さえあれば話せるようにもなります。大量のインプットがあるから、大量のアウトプットも可能になるわけです。

ひろつるメソッドの特徴は、英語学習の生産性を上げる＝時間当たりに習得する量を増やしまくるところにあるわけですが、そのメリットは3つあります。

メリット1：英語を超得意にすることで、入試でも就活でも選択肢が増える。

メリット2：つまらない質問をして人の時間を奪ったり、ぐずぐず決断を引き延ばしたりしない〝自分で決められる人〟になれる。結果、大事なチャンスをつかめる人間になる。

メリット3：生産性を上げて、残った時間を自分の好きにのびのび使える。

グローバル英語で子どものチャンスが増える

まずメリット1について説明しましょう。小さいうちから効果的に英語を身につけることで何が起こるかというと、**出会う人、得られる情報、チャンスが劇的に変わります**。すみれはプロローグでも述べましたが、大分県という地方都市に生まれ18年間生活し、小中高オール公立学校で塾には一度も通っていません。海外留学も一切していませんが、現役でハーバード大学に合格しました。これは高度な英語、つまり高等教育に耐えうる英語を家庭で18歳までに習得していたからです。

英語が超得意になれば、まずは入学できる学校の数が大きく増えます。日本語オンリーだと、選べる進学先は日本の学校だけ。一方、英語もできれば海外進学も視野に入ります。さらに、入ってくる情報も、人脈も教養も、比べ物にならないくらい広がります。世界のゲームチェンジャーになれる可能性だって出てきます。

メリット2ですが、高度な英語を小さいときから身につけることは、英語のロジカル思考を身につけることでもあります。ロジカル思考とは、このあとのルール10でも詳しく述べますが、簡単に言ってしまうと、「察してもらう」「空気を読む」日本的思考ではなく、重要なこと、結論を相手に先に伝える無駄のない思考です。

SIJで仕事をお願いしているハーバード生たちを見ていても、彼らの仕事に、無駄はありません。質問は短く的を射ているし、プレゼン資料は短く隙がありません。

最後のメリット3。ハーバード生たちとのミーティングのたびに感心するのですが、何に関しても決断が早いため仕事は常に時間内に終わり、あとは笑顔で数分、近況アップデートとジョークの余裕があるということです。仕事が終われば、音楽やスポーツといった趣味やボランティアなどに打ち込む時間の余裕も十分にあるわけで、人生を楽しむ心の余裕もまったく違います。娘のすみれも社会人となった今、ハーバードとジュリアードでできた世界中の仲間たちと、演奏、執筆、教育など、様々な活動に精力的に取り組む日々を送っています。

これからの時代に必要な英語力とは、文法マスターでも入試対策でもありません。**社会**

を動かし、常に決断していく力を手に入れることです。「日本の学校内だけで通用する英語」「受験勉強のための英語」ではなく、グローバルに通用する英語を学ぶことは、実は子どもたちに、自分の意見を効果的に発表し、社会を動かし、同調圧力に負けず「よっしゃ、今、しゃべっちゃえ！」「やっちゃえ！」と決断させる人材育成なのです。子どもの力を信じてください。

なぜ「英語は単語が9割」なのかと、ロケット噴射型英語学習の具体的な方法については、第3章で詳しくお話しします。

ルール 05

するべきことの優先順位をつける

伸ばせない親：課題をすべてこなすことを重視
伸ばす親：学習の無駄時間をなくして得意を伸ばす

無駄をなくして得意を伸ばす

時間には限りがあり、するべきことの優先順位をつける必要があります。学習の無駄な時間をなくせば、子どもは好きなことに時間を使えて、自分の得意を伸ばせます。子どもは笑顔になるし、親も笑顔になる。いいことばかりです。

そう考えると、昔からなぜか重んじられてきた、無駄な時間はたくさんあります。私が子どもの学習になくした無駄なこと1つ目は、すでにお話ししたように、英語学習におけるＡＢＣの書き取り、ゲームや歌、文法説明です。

２つ目の無駄は、いつでも何でも構わず文章全体を読ませる、ときに全部和訳までさせる無駄です。これは、精読力と速読力を同一視するから起きる無駄です。

ひろつるメソッドでは、**英文の長文読解は本文から読まず、問題文から読みます**。問題文のキーワードを把握して、本文中から答えを見つけてくる速読法をマスターするのです。そう言うと、「文章をきちんと味わうことがないと読解力は育まれないのでは」と心配される方もい

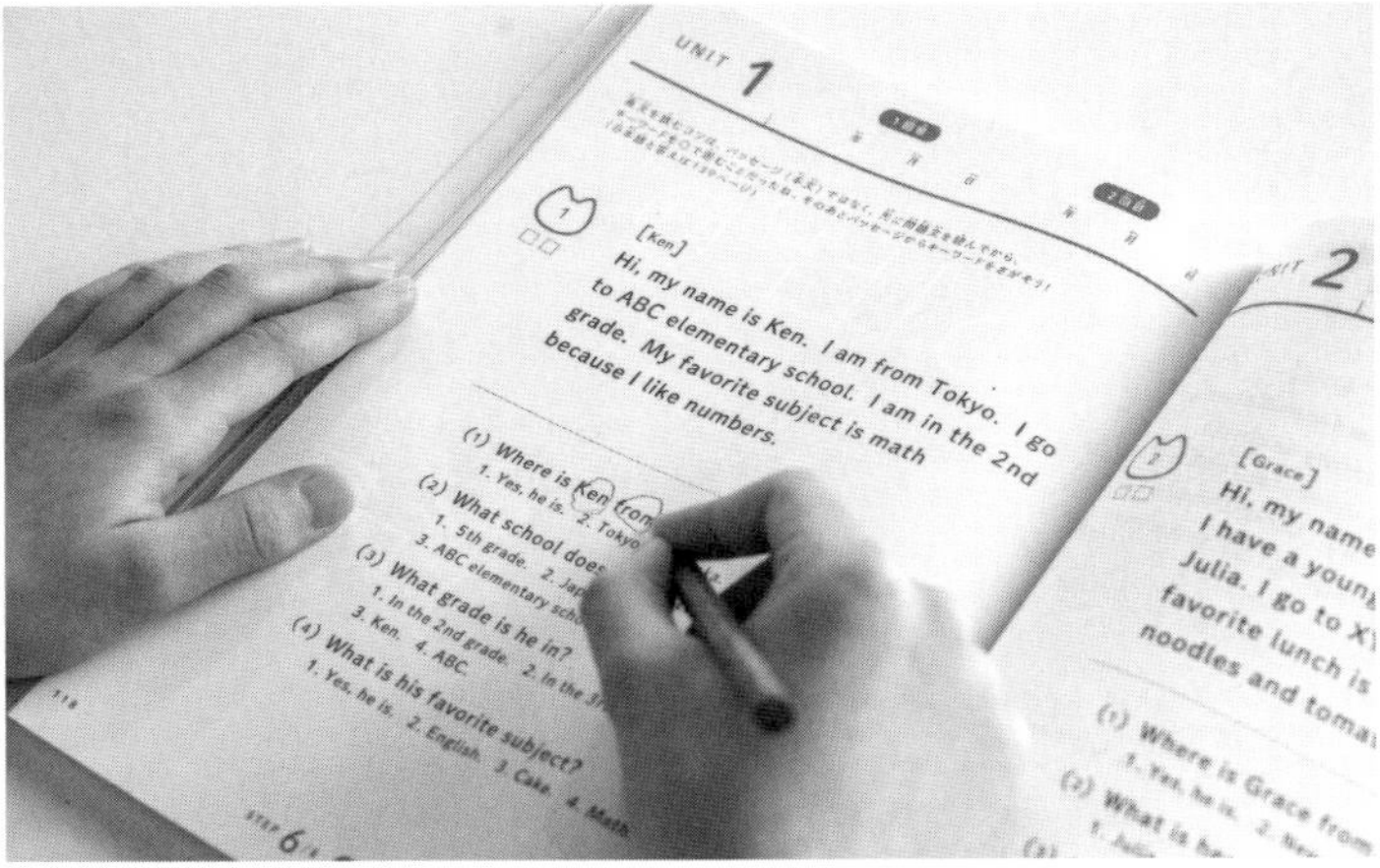

ひろつるメソッドでは、英語の長文読解問題は、本文ではなく問題文から先に読むことをマスターする。まずは問題文からキーワードを探す。『英語ぐんぐんニャードリル』（講談社）より。

ますが、大丈夫。**精読力と速読力は、別モノだから**です。ロジカルな英文を読めて書けるようになるのに必要なのは、速読力です。ここに精読の時間をかけることは無駄なので、なくしているのです。

スキミング＝大意と要点をざっくり理解する、と、スキャニング＝特定の情報だけを探して見つける、この2つの速読に慣れます。そのうちに、要点のほうから目に飛び込んでくるようになるから不思議です。過多な情報から知りたいことだけを即座に見つけられるようになるので、検索力が命のインターネット時代を生きる子どもたちに不可欠なスキルを磨くことにもつながります。

文章の情緒を味わったり、想像力を発展させる精読力は、小説や随筆、詩歌などの読書で存分に養いましょう。このような豊かな読書の時間は子どもに積極的に持たせてあげたいものですが、それは、学習に無駄な時間をかけないからこそ生まれるものです。

宿題は丸暗記で「考える力」を伸ばす

私が家庭学習でなくした3つ目の無駄は、「問題を解くこと」です。「え!? 問題を解かなかったら勉強にならないのでは!?」と思う方が多いかもしれませんが、本当です。**小学生の頃、娘は、宿題は答えを丸写しし、答えを暗記するようにしていました**。宿題で出た穴埋めのプリントには、私が答えを教えて空欄を埋めさせて暗記してもらっていたのです。参考書や問題集も同様です。解答集を手元に置いて、空欄に正解を書き込みます。そして正解を暗記してもらうのです。いずれも暗記ができたら捨ててしまいます。

学校や塾で出される大量のプリント類を頑張って整理しているご家庭も多いかもしれません。けれど、似たようなプリントが毎週のように出されますので、大事に取っておかなくて大丈夫。整理するのも無駄な時間です。

「宿題も問題も解いてはいけない」

「答えを写して丸暗記するのが効率的」

私はこれまでの著書やセミナーなどで繰り返し主張しているのですが、答えを解かずに正解を写して丸暗記することに抵抗を示す保護者は大勢います。「宿題や問題を解かずに正解を丸暗記すると、考える力が身につかないのではないか」という心配を口にする親御さんもいらっしゃいます。

けれど、AIの進化が加速する時代において、答えは調べればすぐ手に入ります。まして宿題にはあらかじめ解答冊子があります。**優先すべきなのは、問題を解くことではなく、知った正解を活用できることです。解答時間を暗記にあてることで〝暗記脳〟を養うことができ、丸暗記した基礎学力をベースにして、考える力は伸びるのです。**

さらに、できた時間で子どもはスポーツや音楽、アートなど、自分の得意をのびのびと伸ばすことができます。娘のすみれの場合はバイオリンで、学習と並行して音楽に打ち込めたおかげで、ハーバード卒業後はジュリアード音楽院で学び、卒業後も音楽を柱に演奏、作曲、教育など多岐にわたる活動を続けています。

苦手は他人がカバーする優しい時代

なぜ、無駄をなくして得意を伸ばしたほうがいいのでしょうか。

それは今が、オンラインで世界中の多様な人たちと瞬時につながれる時代だからです。どんな社会になったとしても、仕事は1人ではできません。けれど、個人が自由にそれぞれの能力を発信できるようになったこの時代ならば、自分の得意を価値として差し出せば、苦手分野を担ってくれる人が必ず現れます。これからは、得意分野を生かした仕事に就けば、苦手なことを他人がカバーしてくれます。お互い協力しあって、より大きな社会貢献ができる時代なのです。

そんな社会でいきいきと活躍できる人へと育てるために、親は子どもの得意を伸ばしてあげたいのです。

ルール 06

子育てのゴールから逆算する

伸ばせない親：大学や職業をゴールに設定する
伸ばす親：好きなことに取り組める環境を用意する

ハーバード生が書く履歴書

現役ハーバード生を講師にしたサマースクールＳＩＪでは、小学生から高校生までの子どもたちが、ハーバード生から英語でエッセイ・ライティング、スピーチ、ディスカッション、パフォーミング・アーツやプログラミングを学び、大きく成長しています。

これまで体験した先輩たちからの口コミと評判で、自分のキャリア形成の一環としてＳＩＪの講師を経験したい、というハーバード生はありがたいことに毎年多く、１００名ほどのエントリーの中から12名を選抜しています。海外在住経験のない純ジャパの私が、ハーバード生を英語の筆記テストと面接で選考しているのですからおかしいのですが、これが私にとっても毎年の刺激的な経験となっています。

ところで、彼ら現役ハーバード生がメールで送ってくる履歴書には、各人以下のような項目が並びます。

Education（学歴）
Honors & Awards（受賞・表彰歴）
Work Experience（インターン経験）
Leadership and Activities（リーダーシップと課外活動）

Educationは、学歴で、卒業高校名とGPA（総合成績を数値化したもの。いわゆる内申書）にプラスして、ハーバード大学で何を専攻してGPAは何点かが書かれています。

ここまでは日本人の学生が書く履歴書と変わりませんが、大きく異なるのはここからです。自分が何を成し遂げてきたかの具体的記述に、履歴書のほとんどが割かれているのです。

Honors & Awardsは、受賞・表彰歴です。「バイオリンの国際コンクールで優勝」「National Merit 奨学生に選ばれる」「論文コンテストで入賞」「ウエイトリフティングの全国大会で優勝」「Marshall Scholar（アメリカを代表して英国オックスフォード大学等に派遣される）」「国際科学オリンピック5つに入賞」といった内容が並びます。

Work Experienceは、インターン経験です。「コンサル企業で、コンサルティング戦略と運用のための100ページにわたるマニュアルをまとめ、新人コンサルタントを対象とした5日間の集中トレーニングプログラムを企画・運営」「パリのシュルレアリスム作家アンドレ・ブルトンのアトリエに収蔵されている作品をフランス語から英語に翻訳」「ボストンバレエ団で、週1万PVのウェブサイトをウェブ開発チームのためにHTMLコードで書く」「MTVテレビ局で新シリーズを制作して提案」「ペルーの先住民族の農園で10週間勤務」といった経験が並びます。

特徴的なのは**Leadership**（リーダーシップ）や**Activities**（課外活動）です。「女性としてのリーダーシップ戦略を学ぶ会を設立」「540席ある劇場で、チェーホフの『三人姉妹』の演出を務める」「ベトナムの子どものためのサマーキャンプのリーダーとしてプログラムの計画を立てる」「ハーバード新入生のための6日間にわたるアウトドアプログラムのリーダーに選出される」など、多岐にわたります。学業以外の経験を通してリーダーシップを育むことがいかに大切にされているかがよく分かります。

ハーバード生の親の子育ての目的

もちろん、ハーバード生といえど、大学に入っていきなりこれらのことが身についたわけではありません。どういうことかというと、**ハーバード生の親は、我が子が小さなうちから、好奇心の向くことにチャレンジさせ、得意を見つけて伸ばす手助けをしている**ということです。同時に、世界で現実に起きていることに目を向けさせ、座学や筆記試験では得られない体験をさせて、広い視野を持たせているのです。それは、「ハーバードに合格させるために」と思ってしていることではありません。そもそも子育てのゴールの設定が

「よい大学に入れること」「よい企業に入れること」ではないからです。

ハーバード生たちは、〝Make an impact（社会に影響を与える）〟という言葉を頻繁に口にします。つまり、彼らの親たちは「社会をよい方向に変える人材に育てる」ことを子育てのゴールに設定しているのです。そのためには、小さな頃から何が必要かを逆算して育ててきた結果として、子どもたちがMake an impact 志向の強いハーバードに入っている、と言ったほうが正しいでしょう。

けれど日本では、受験システムが異なることもあり、子どもへの評価の物差しのメインは、テストの点数と偏差値です。「こんな課外活動でリーダーを務めた」「○○コンクールで入賞した」ということが評価されるのは、その小さな習い事の世界の中だけのことになってしまいます。すると、小さい頃からするべきことを逆算しても、「この教科が苦手だから塾に入れなきゃ」「中学受験で成功するためには、どこどこの塾でいいクラスに入って」……ということになりがちです。

このようなことを言うと、必ず「うちの子はハーバードを受けるわけではないから大丈夫」という声が上がります。けれど、ハーバードを受けなければ、あるいはずっと日本にいるならば、スルーしてよい問題なのかは疑問です。

ゴールから逆算する

オンライン化が進み、どんどん国境の意味がなくなっていくグローバル時代。今後、日本でも転職は当たり前になり、オンラインでつながる世界中の競合や同志を相手に仕事をすることになります。今の子どもたちが社会に出る5年後、10年後、たとえ日本国内にいたとしても、彼らが一緒に仕事をするのは、小さな頃から「評価基準はテストの点数だけではない教育」を受けてきた世界中の人たちです。

もちろん志を持って勉強し、学びたい学問をできる大学を目指すのは価値のあることです。しかし世界の基準が、日本の学校の名前、筆記試験の成績オンリーではないことは確かなのです。そんな社会で我が子が自信を持っていきいきと活躍してほしいと願うなら、社会にMake an impact できる人材へと育てて送り出すことをゴールに設定し、そこから逆算した子育てをするべきなのではないでしょうか。

今度は「学校の勉強や宿題だけでもいっぱいいっぱいなのに、そんな時間はない」という声が聞こえてきそうです。もちろん人と比べて足りないところを埋めようとしていたら、時間はいくらあっても足りません。そこで、**できないことを満遍なくカバーするために使う時間があったら、得意や好きなことを伸ばすために使ったほうがいい**と私は考えます。

修学旅行に1回も行かなかった娘

たとえば我が家の娘すみれの場合は、優先したいのは、好きなバイオリンの練習でした。そこで、塾に行くことは一切ありませんでした。すでにお話ししたように、学校の宿題は、解かずに解答集から答えを丸写ししてそれを丸暗記するようにしていました。

また、修学旅行には1回も行っていません。なぜなら、娘は8歳のときに故中村勘三郎さんの「棒しばり」を歌舞伎座で観て感激して以来、歌舞伎が大好きだったのですが、修学旅行と本人がどうしても観たかった中村勘三郎襲名公演の日程が、小学校の修学旅行とバッティング。自ら担任の先生に掛け合い、円満解決でした。中高の修学旅行は、本人のコンサート日程とかぶったのでやむをえず、こちらもキャンセル。

もちろん、修学旅行が無駄と言っているわけではありません。本人が自分で「好き」と「得意」を伸ばしたいと自覚があり、自ら行動するなら、親はそれを認めて状況に対応する柔軟な姿勢が大切です。

時間とお金の無駄使いをなくし、バイオリンに集中的に使っていたからこそ、国際コンクールで入賞することができ、それがAwardとしてハーバード入試の際に評価された要素の1つとなりました。けれど、これもあくまでも結果であって、「ハーバードに入れよう！」というつもりでしていたことではありません。**本人が好きなこと、得意なことに、のびのびと取り組める環境を用意してあげただけ**なのです。

すべてに平均点を目指すのではなく、本人にとって無駄だと思うことと、優先するべきことの取捨選択をする。そして我が子が得意を伸ばすためなら徹底して応援する。それが、これからの時代の子育てに必要なことなのではないでしょうか。

ルール 07

TODOリストを作る

伸ばせない親：小さいうちから大量の課題を与える
伸ばす親：タスクを細分化して1つの課題は短い時間で終える

「もう少しやりなさい」で勉強嫌いに

ここまでで何度もお話しした「時間の無駄をなくす」大切さについて、さらに具体的にはどこに無駄があって、どうやって無駄を削ればいいのかをお話ししたいと思います。

日本人の残業時間は長すぎると言われてきましたが、近年ようやく、会社にいれば仕事をしていることになるわけではない、と多くの人が気づいてきました。それと同じで、参考書を開いていたら勉強していることになる、塾に行きさえすれば勉強ができるようにな

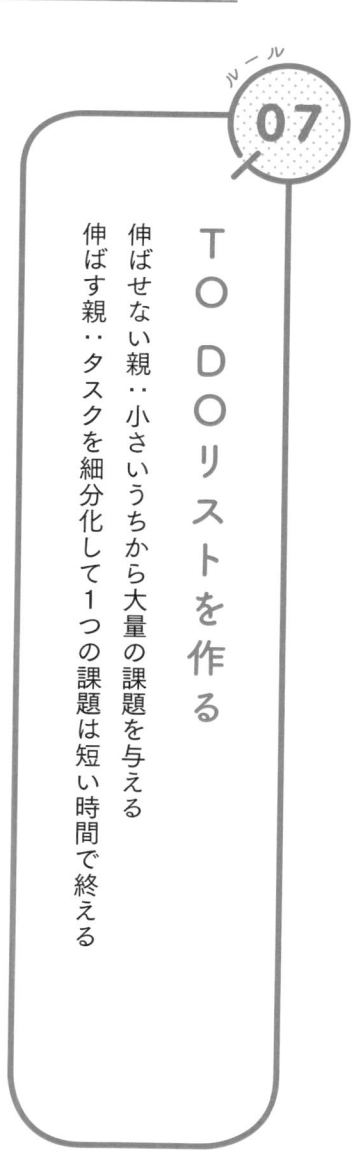

る、というのはおかしいですよね。

小さい子どもの学習で大切なのは「飽きる1分前にやめる」。これに尽きます。子どもというのは「やりなさい！」と言わないと勉強をしたがらないもの、というのは大人の思い込み。**子どもは好奇心のかたまりですから、大人が思うよりずっと新しいことに興味津々で、いろいろなことを覚えたいと思っているのです。**ただし、好奇心の寿命は短く、短時間で飽きてしまいます。

脳科学的には、集中力を高めすぎると脳の特定の部位に疲労が溜まるため、それを防ぐために飽きて違うことを始めようとするのだとか。「飽きる」のは脳の防御反応なのです。子どもが自らの脳を守るために飽きているのに、それを無視して親が「もう少しやりなさい」「今日のノルマはまだ終わってないでしょ」と、自分の都合で続けさせるのはかわいそうだし、無駄な時間です。それ以上続けても頭に入らないからです。それどころか、せっかく楽しいと思っていたはずの勉強自体にマイナスのイメージが植え付けられて、「勉強嫌いな子」が出来上がってしまいます。

子どもの集中力が続くのは5分

娘が小さい頃には、漢字や計算、英単語暗記などの学習をゲームのように一緒に楽しんでいました。けれど、娘がどんなに楽しそうに取り組んでいても、1つのことは5分でサッとやめていました。「さあ、勉強するわよ！」というような前置きもなし。**いきなり始めて、ダラダラ続けず、完全に飽きる1分前にサッと終える**。これで子どもの心には「今の何⁉ 楽しかった！ もっと続けたかった！」という楽しい気持ちだけが残ります。

「5分で何ができるの？」と思うかもしれませんが、英単語の暗記だったら20個以上はできます。書き取りは不要だからです。私が出している英語ドリルも、書き取りするページは一切ありません。そう言うと、「書かせないと勉強をさせた気にならない」という方がいらっしゃるのですが、それは大人の常識にとらわれているだけ。筆圧が弱い小さな子どものうちは、書き取りをさせるとそれだけでイヤになってしまいます。なぞり読みをするだけで十分暗記はできるので、書き取りという無駄な時間をなくしているのです。

1日20個、月曜日から金曜日までの平日5日間、毎日たった5分の学習で、1週間で100個の英単語を覚えられることになります。たとえそのうち80個を忘れたとしても、1週間で20個もの英単語を覚えられたら、子どもにとっては大きな達成感になり「もっと覚えたい！」という気持ちになります。どんなに忙しい親御さんでも1日5分くらいなら見ていてあげることはできるはずです。

小さいうちからこの「無駄をなくしてなんでも5分でする」という習慣が身についた娘は、成長してからも**1つのタスクを5分間で終わらせるようにしていました。そうすると、1時間あれば5分×12で、12個ものタスクがクリアできます。**

バイオリンのコンクールやハーバード大学受験といった大きな目標があっても、そこに到達するための中期目標、その手前の目標……というふうに、逆算してタスクを細分化していくことで、「今日するべきこと」は細かいピースになります。あとはそこに短時間集中して取り組むだけでした。

ハーバード現役合格を生んだＴＯ ＤＯリスト作り

娘は小学生の頃から、翌日にやるべきタスクを「ＴＯ ＤＯリスト」として紙に書き出していました。簡単なことで言うと「図書館の本を返す」「ぞうきんを持って行く」といったことも書き出していました。タスクを終えると、チェックしてその紙は捨ててしまいます。**どんな小さなタスクでもクリアすれば「やり遂げた！」という達成感が得られる**のが嬉しくて習慣化したようです。

私自身、毎朝その日にするべきことをＴＯ ＤＯリストに書き出すことから1日をスタートさせています。何事も「準備が9割」と思っている大の段取り好きだからですが、娘もそんな私の姿を見て「楽しそう！」と真似するようになったのです。たとえば英検受験前のＴＯ ＤＯリストはこんなふうです。

【廣津留すみれの英検受験前TO DOリスト】

1 単語暗記　5分
2 短文　5分
3 会話　5分
4 長文読解　1本目　5分
5 長文読解　2本目　5分
6 長文読解　3本目　5分
7 リスニング　5分
8 ライティング文章暗記　5分
9 ライティング下書き　5分
10 ライティング清書　5分
11 スピーチ練習　5分
12 スピーチ発表　5分

5分×12で1時間です。これを応用して、バイオリンの曲を仕上げる、数学のテスト勉

すみれさんが小さい頃、自ら作成していたピアノ練習のスタンプシート式TO DOリスト。小さな課題を達成するたびにシールを貼り、ゴールまでたどり着いたら真理さんがぬいぐるみなどのご褒美を用意。楽しみながらモチベーションを保ち達成感を得られる仕組みだった。

強をする、という場合も、1回通してやってみたあと、「ここは弱いな」というところをおさらいするときに「1個1個の問題点クリアに5分以上はかけなかった」と言います。

TO DOリスト作りのメリット

TO DOリスト作りのメリットは他にもあります。「あれをやらなきゃ」「これをやらなきゃ」とやるべきことが頭の中で無秩序にグルグルしていると、脳へのストレスになります。TO DOリストでやるべきタスクを「見える化」することで、脳の空き容量を増やすことができるのです。そのおかげで、新しいことを覚えたり、創造したりすることができるわけです。

ハーバード生に聞いてみると、「TO DOリスト作りは、小さい頃からの習慣だった」と、みんな口を揃えて言います。勉強だけでなく、音楽やスポーツ、アートなど様々なアクティビティ、ボランティア活動など数多くのタスクをこなすのが当たり前の彼らにとって、「今日すべきこと」を細分化＝ブレイクダウンして、見える化することは必須なのでしょう。

娘も「ハーバード時代、友人のグーグルカレンダーを見せてもらうと、テトリスのようにスケジュールが埋まっていた」と言っています。娘は、今ではデジタルも併用しつつも、その日のTO DOリストは毎日紙に書き出し、タスクを終えたら線を引いて捨てるのを習慣にしているそうです。

私も、プライベートレッスン（1年間コース）を受ける小学生の生徒さんの親御さんには、毎日の英語TO DOリスト作成とチェックをお願いしています。単語・短文・会話・長文など、するべきことを細かく分けて、1日に進むページ数まで管理しています。これにより、1カ月に1回20分のオンラインレッスンだけで、小学生のうちに英検2級（高校修了レベル）に合格する例がたくさんあります。まったく英語学習経験のなかった低学年の生徒さんでも、このTO DOリストの管理で目に見えて英語力がつきます。

小さなうちに親と一緒に楽しみながら自己管理法に取り組むことで、自然と1人でできるように成長します。やがて親の手を借りずに、親も解けないような難題に1人で取り組めるようになります。自己管理、時間管理が習慣化するからです。仕事や家事に忙しい親御さんほど、「あとからラクになった」と感謝されます。

逆に、**小さいうちから子どもに「これやりなさい」と大量の課題を与えて、1人でウンウン考えさせて学習させると、「勉強とは苦行である」というイメージが刷り込まれてしまいます。**そうなると勉強嫌いになり、自己管理法は身につきません。するとあとになって「うちの子は勉強嫌いで困ります」「宿題しなさい、って言ってもしないんです」と言う羽目になるのです。学習による達成感が得られないまま大きくなるからです。

どんな大きな目標の達成も、小さなことを1つ1つクリアしていった先にあります。そのためには「タスクの優先順位をつける」「1つのタスクに時間をかけない」というトレーニングを子どものうちからしておくこと、そしてそのトレーニングによる小さな達成感と成功体験を積み重ねて、「やればできる」という自己肯定感を育むことが、非常に大切なのです。

ルール 08

本音で話さない

伸ばせない親：ネガティブな気持ちをそのままぶつける
伸ばす親：ポジティブな気持ちに変換して伝える

子どもを問い詰めていませんか？

最初のときめきを忘れて、ついついアラ探しをしてしまう。不安や疑心暗鬼に駆られて、思わず問い詰めてしまう。――これは恋愛の話ではありません。子育ての話です。

誰しも我が子が生まれたときには「なんて可愛いの！」「目に入れても痛くない！」と、無条件に可愛がっていたはず。ところが、子どもが大きくなってくると、多くの親御

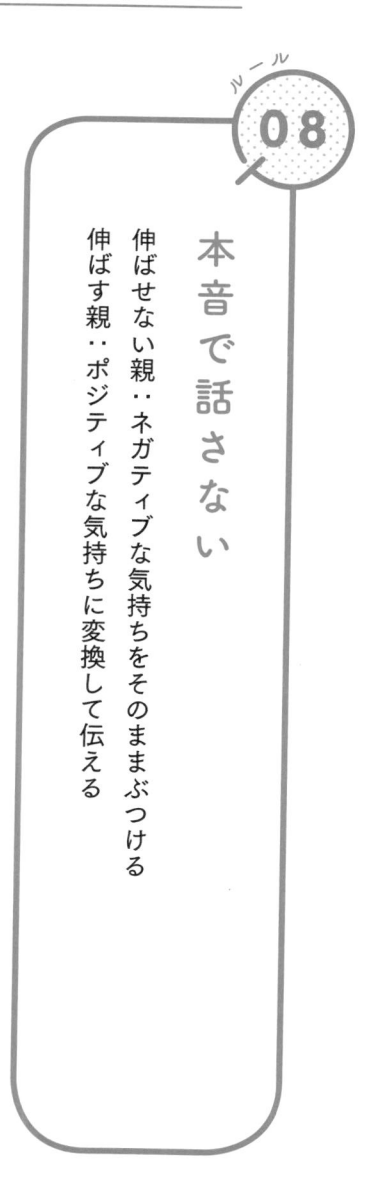

さんが「うちの子、全然勉強しないんです」「宿題やらずにゲームばかりしてるんです」「まったく私の言うことを聞いてくれないんです」と、アラ探ししては、ダメ出しを始めます。

けれど、**子どもが「言うことを聞いてくれない」のには、理由があるのです。それは、「どうして勉強しないの？」「どうして宿題しないの？」と、問い詰めているから。**「言わないといつまでたっても勉強しない」「このままだとどんどん成績が下がって入れる学校がなくなってしまう」と、親自身が不安や妄想、疑心暗鬼に駆られているからです。

恋愛で考えると分かりやすいと思います。「どうしてLINEの返事をすぐくれないの？」「どうして私のために時間を作ってくれないの？」と、お相手を問い詰める人はけっしてモテません。ドン引きされるだけです。

親が駆られる意味のない不安や妄想に関しては、少女漫画でありがちなシーンを思い浮かべてください。

事実：彼氏が街で自分以外の女の子と歩いているのを見かけた。
妄想：私以外に付き合っている人がいる！　ショック！　あれこれ疑惑にふける日々。

その後分かる事実：あれは彼氏の妹で、私の誕プレを買う相談をしていた。

そんなバカな、と思うかもしれませんが、親が駆られている妄想のほとんどがこれです。成績が落ちた原因を勘ぐる。習い事が続かない理由を特定する。子どものやる気を疑う。なんでも漫画やゲームのせいにする。先生が悪い、と、先生ショッピングに走る。

漫画だと、主人公の妄想も解けて、めでたしめでたし、となるかもしれませんが、妄想に駆られたままの親は、子どもにとって魅力的ではありません。「この人の言うこと聞きたいな」と思えなくても仕方ないのです。

「モテ親」になろう

娘が生まれたとき「可愛すぎる！」と感動した私は、なんとか娘とのいい関係をずっと保ちたいと思いました。恋愛で言えば、娘に「モテ続けたい」と思ったのです。お互いが相手にとって魅力的な存在で、お互いに依存することなく向上し続けることができれば、恋愛は長続きします。上から目線で「～～しなさい」と相手に指示する人間がモテないのは自明の理です。言わずに「この人のために何かしてあげたい」と思わせるのが恋愛の鉄則です。

「勉強しなさい」「宿題しなさい」と言わなくても、1人で机に向かってくれたら……。多くの親御さんから相談を受けます。これに対する回答はシンプルで、恋人にされてイヤなこと、恋人に嫌われるようなことはしない、これに尽きます。「子どもにモテる」親に変われば、子どもも変わります。ここで「モテ親」になるための極意を3つお伝えします。

1 本音で話さない

「本音で話さない」イコール「なんて心が通っていない冷たい関係なの！」と思うのは早計です。**「本音で話さない」とは、「思ったことを言葉にしてそのまま全部ぶつけたりしない」ということ。**

私自身、娘が小さい頃から、会話の中では思ったことの60％くらいを伝えるようにしていました。たとえば恋人に疑心暗鬼になって「浮気してるんじゃないの？」という気持ちをぶつけ続けたら、お相手は自分が信頼されていないことに不信感を抱き、破局することもありえます。それなのに、親子の場合は破局しない、という関係に甘えて、感情をだだ漏れにしてはいないでしょうか？　いくら幼くても、子どもは親とは別人格と認識して、我が子を個人として尊重することは基本だと思います。

親子という関係に慣れきって、言い方がきつくなる、要求が多くなる、遠慮がなくかわいげがなくなる……いずれも恋愛だったらありえないですね。「～～はもう終わったの？」「早くしなさい」「まだ？」「もう、何やってるの！」「いいかげんにしなさい」――。これが恋愛中だとしたら、ドン引きを通り越して、逃げ帰りたくなります。でも、実際に、ラブラブモードいっぱいの子どもに対して、そんなことを無意識にしていませんか？　子どもはママやパパのことが大好きで、いつだって認めてほしいと思っています。同じ内容も、言い方ひとつで、相手の受け止め方は変わるものです。

2　ポジティブな気持ちは言葉にして伝える

【親ができること】

具体例を出して子どもをほめます。「～～ができてすごい！」「～～を頑張っていてかっこいい！」子どもの価値観を肯定したうえで、親の言いたいことを持ち出しましょう。

いるのが当たり前、相手の存在が空気同様になって緊張感がなくなる。これも長年付き合ったカップルに起こりがちなことです。

我が子がこの世に生を受けた瞬間、あれほどときめいた自分はどこへやら……。一緒にいて笑顔でいることが少なくなっていませんか？　子どもが「ねえねえ」と話しかけてきているのに「あとでね」「ちょっと待ってね」。その後なんの反応もない親。これでは子どもは、気に留めてもらえているのかさっぱり分かりません。

「言わなくても分かるでしょ」「忙しいから」「疲れているから」というのは、たとえ親子の関係でも通用しません。「すべてをぶつけない」と言っても、**カットすべきなのは心配や不安や怒りといったネガティブな言葉**。相手をほめたり、感謝したりするポジティブな言葉は、どんな人間関係でもコミュニケーションの重要な要素です。「～できたから」という条件付きではなく、どんなときも子どもを無条件に認めている、大好き、という気持ちを伝え続けましょう。

【親ができること】

「一緒に～～しようよ」「手伝ってくれると助かる」「～～してくれてありがとう」「ママ

は（パパは）本当に嬉しい」「〇〇ちゃんが大好き」と、面倒がらずにきちんと言葉にして伝えましょう。子どもは「喜んでいる親」を見るのが本当に大好きです。他にも無条件の愛情を伝える方法はたくさんあります。頭をなでる。抱きしめる。目をじっと見てお話しする。そして何より大切なのは、いつも笑顔でいることです。

ちなみに私は未だに娘に「可愛い！」を連発しています。娘には「同じ言葉を繰り返すロボットみたい」と呆れられているのですが……。

3 昨日の自分よりアップデートする

恋愛初期はあんなに盛り上がっていたのに、お付き合いが長くなるにつれ飽きられて捨てられてしまう……。2人の関係に甘えて、初めて会ったときから何も変わらず、自分を磨くことを怠っていると起こりがちなことです。

子どもだって、大好きなママやパパには、いつも輝いていてほしいと思っています。子どもは日々成長しています。**大人だって、大人になったから、結婚したから、親になったから、もう成長を止めていい、ということはありません。**

ハーバード生たちも「小さい頃は、親が自分のロールモデルだった」と語ります。子どもはよく親のことを見ていて、大好きなパパやママの姿をお手本にします。1人の人間として、「素敵だな」と思っていてもらえるよう、常に自らのアップデートを心がけたいものです。

【親ができること】

政治経済、国際情勢、歴史、哲学など、様々なトピックに本や新聞などを通して触れましょう。美容、ファッション、音楽、食などの最新情報にも縦横無尽にアンテナを張りましょう。現状維持は後退です。

街に出て空気をつかみましょう。家族のためだけではない自分自身の好奇心を見つめましょう。勉強をして得意分野を作りましょう。

「忙しいから、それどころじゃない！」と思いますか？　いえいえ、子どもだって忙しいのに、常に親や学校、社会からアップデートをしなさいと迫られていますよね。大人も自分磨きをして、自分の人生を楽しみましょう。キラキラ輝いている親を見るのが、子どもは大好きなのです。

ルール 09

リビングで会話する

伸ばせない親：相手に合わせることを重視する
伸ばす親：ちょっとしたことに疑問を持つ機会を与える

自己表現しなければ存在しないのと同じ

「日本人が英語を話せないのは、日本の英語教育が悪いから」という言葉をよく聞きます。けれど私は、これは必ずしも正しいとは言えないと思っています。**日本人が英語を話せないのはズバリ、自己表現が苦手だから。**なぜなら日本では、そもそも自己表現することがタブーとされてきたからです。

相手に合わせ、空気を読み、常に場をわきまえて発言することを要求されてきた日本人。「みんなはどう思っているのか」を確認してから、平均的な意見に同調することがよしとされてきた文化です。それに対して、相手の考えは違って当たり前で、阿吽《あうん》の呼吸が通用しない文化の中で自己主張してきた英語圏の人たちの中にいきなり入っても、勝手が違いすぎてうまく話せないのも当然と言えば当然でしょう。

娘のすみれは「ハーバードの授業では出欠を取らないので、一度も発言しなかったら欠席とほぼ同じ扱いだった」と話しています。成績についても、ペーパーテストだけでなく授業での発言が、かなり高い割合で評価対象になるのだと言います。

しかも、発言したとしても、他の学生と同じ意見では評価されないのです。「私もそう思う」では、相手になんらかの価値を提供できません。何もアピールできない人の存在価値が認められないのは当たり前。**ハーバード大のように多様なバックグラウンドを持つ学生たちが集まる場所で、自己表現できない人、発言できない人は、「そこにいない人」も同然なのです。**

英語はあくまでもツール

ただ、コロナ禍でテレワークがかなり推進されたことにより、日本の大人たちも気づいてきたのではないでしょうか。オンライン会議では、発言しなければそれで終わり。「いるだけでいい」という常識は通用しなくなりました。会社員にせよ、起業家にせよ、人と違うことを発信して自己表現ができる人が成功していく時代です。

私が主宰する英語のクラスに入会を希望される親御さんたちにも、変化が訪れているように思います。以前は、子どもに英語を学ばせる目的として、「英語を話せる子になってほしいから」とおっしゃる方も多かったのですが、近頃は「自己表現をできる子になってほしい」「広い視野を持ってほしい」「思考力を磨いてほしい」ということを目的に挙げる親御さんが増えているのです。そう、英語はあくまでもツールであって目的ではない、英語「を」話せればいいのではなく、英語「で」自分の言いたいことを主張できる子になってほしいのだ、ということに気づいているのだと思います。

子どもたちがこれから出ていくのは、オンラインですべてがつながり、国のボーダーも意味をなさなくなる社会です。たとえば**インターネット上の情報は、英語で書かれているものが60％近く、日本語はわずか2～3％にしか過ぎません。日本語しかできないより、英語をできたほうが、自分の人生に役に立つ情報を手に入れられる量ははるかに多くなります**。日本人だけに通用する暗黙の話を発信するのではなく、ボーダーを超えて自分の考えを発信できるお子さんがいきいきと活躍できる可能性は高くなるのです。

自己表現に必要なのは思考力

ただ、自己表現することが当たり前の文化で育っていないと、これはなかなか難しいものです。○×で答えられたり、ググれば回答が見つかるような問いが並ぶテスト問題に慣れていると、自己表現力はなかなか磨かれません。自己表現するためには、自分だけの考え、他の人とは違うオリジナリティは何かと突き詰めていく思考力がどうしても不可欠なのです。

では子どもの思考力を磨くにはどうすればいいのでしょうか？　それは、簡単です。日常生活のちょっとしたことに疑問を持つ機会と時間を与えてあげることです。**そこにある答えを当たり前と受け止めず、不思議に思うことから思考力は育ちます**。これこそ学校や塾に任せずに、家庭内で親子で取り組みたいことです。私が、娘のすみれの小さい頃から楽しんできた遊びをご紹介しましょう。

親子のリビングでの会話で思考力を育てる

親子でリビングでリラックスしている時間に、まず子どもに問いかけてみます。たとえばこんな問いです。

「読書をすると賢くなるっていうけど本当かな」

子どもは「うん。賢くなると思う」と答えるでしょうが、そこで終わらせません。続いて「なんで本を読んだら賢くなるの？」と問いかけてみましょう。そしてさらに突っ込んで「読書をしたら賢くなる理由を3つ教えて」とお願いしてみます。

ここで、できたら100均で売っているような小さなホワイトボードがあるとベストです。そこに、子どもが考えた読書するメリットを箇条書きにして発表してもらうのです。ホワイトボードがなければノートでも画用紙でも構いません。

・知らなかったことを知ることができる。
・普段会えない人や著名な故人の話を聞ける。
・語彙が豊富になる。

こんな答えが並ぶかもしれません。答えが見つからなかったら、練習なのでネットで検索してもらっても構いません。次に、今度はそれに反論してみます。「でも、読書は無駄だって言う人もいるよ。なんでだろう?」。そしてまた、その理由を考えてもらいます。

・家の中で本を読むより、外に出ていろいろ体験したほうがいい。
・難しい本を読んでも理解ができない。
・本で読むより、人に会って話を聞いたほうが分かりやすい。

セルフディスカッションで自己表現に自信がつく

これは、決まった正解のない問いに、賛成と反論の両方を述べる練習、いわばセルフディスカッションです。大切なのは正解を出すことではなく、賛成と反対をそれぞれサポートする理由を自分の頭で考えることです。この練習のいい点は3つあります。

1 自己表現することに自信がつく

自分のアイディアへの反論を自分であらかじめ想定する練習なので、自分の考えを主張することが怖くなくなります。自分の考えに反論されたとしても「おっしゃることはもっともですが、でも」と返す準備が自分の中でできるからです。

2 物事を客観的に俯瞰《ふかん》するクセがつく

自分の立場を2つに分けて、それぞれをサポートする理由を見つけるプロセスで、客観的な思考力が磨かれます。

3 相手を常に尊重することができるようになる

反論までを自分で想定することができるようになると、自分の考えと違う人に会っても、心に余裕を持って対応できます。反対に、自分の考えを否定されても、人格まで否定されたと落ち込んだりすることはなくなります。

他にも題材はたくさんあるでしょう。「この先、自動車は自動運転になるっていうけど、車はすべて自動運転になったほうがいいのかな」「運動は体にいいっていうけど本当かな」「学校の休み時間はもっと長いほうがいいかな」……。

会話のネタは、そこらじゅうに転がっています。もちろん英語でなく、日本語でいいのです。日本語でできないことを外国語でできるわけがないので、普段の会話にどんどん取り入れるのがおすすめです。

ハーバード生たちの多くも「子どもの頃は、何か疑問があると親と話し合い、コミュニケーションの中で課題を解決することが多かった」と話します。家庭のリビングの会話で楽しみながら、お子さんの自己表現力、思考力を育てていきましょう。

ルール 10

ロジカル思考ができる

伸ばせない親：周りの空気を読むのが上手
伸ばす親：先に自分の主張を伝えられる

日本人が英語を苦手な理由

これからを生きる子どもたちがグローバル社会で活躍していくためには、英語をコミュニケーションツールとして使っていく必要があります。ただ、英語を使う場面でコミュ力を発揮するために、知っておきたいことがあります。それは、そもそも英語と日本語の使われてきたシチュエーションが対照的であるということです。

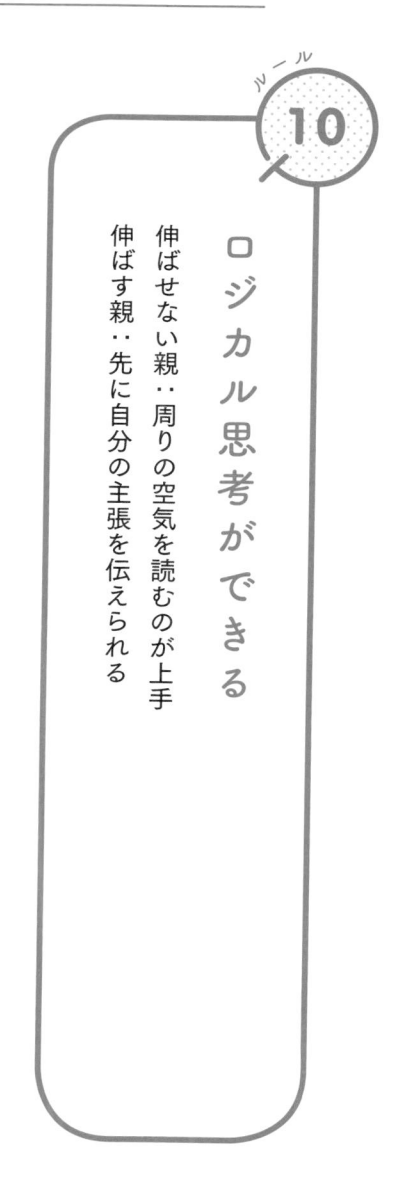

日本語が使われる環境は、あえて言葉にしない行間を、阿吽の呼吸で相手に読んでもらい、察してもらうことが前提になっています。それができない人は、「空気が読めない」として、批判、糾弾されます。

一方、英語が使われるのは、異文化と多様性だらけのシチュエーション。国籍や人種による文化や習慣の違いの中で、いちいち空気を読むのは不可能です。

たとえば、お店に入って、「じゃあみんなとりあえずビールでいい？」と言うと、たいていの日本人は「ＯＫ！」と言い、あえて1杯目から自分の好みのドリンクを主張する人はなかなかいません。

ところが、英語が使われる場面では、「とりあえずビール」はありません。みんな、1杯目のドリンクを決めるのに20〜30分かかっても気にしません。それぞれ、スタウトビール、ピルスナービール、ジンの種類はタンカレーでジントニック、梅酒のロック、イタリアのスパークリングワイン、などそれぞれが今飲みたいものを主張します。

主張しないとその場に存在しないと見なされる。そうなると自分のやりたいことは一切できない。その怖さが身にしみて分かっているのが英語を使う人々です。目立つと嫌われていじめられる。右を見て左を見て、数の多いほうに同調しておこう。発言すると目立つのでとりあえず当たり障りのない書類を作成して渡しておけばよい。これが日本人です。

つまり、文化的・社会的背景が比較的似通ったムラ社会でのコミュニケーションツールとしての日本語と、主張しなければ何も始まらない英語は別モノなのです。**「空気を読む」「阿吽の呼吸」が通用しないグローバル社会を生き抜くには、〝違っていることが大前提〟の相手を納得させるだけの論理性が、コミュニケーションの基礎**となります。

グローバル社会で必要なコミュニケーションスキル

ところが、曖昧さにどっぷり浸って育つ日本人は、この論理的思考、つまりロジカルな思考法が非常に苦手。これが日本人がいまだに英語への苦手意識を払拭《ふっしょく》できない理由の1つだと思います。英語の構造にどうしても馴染めないのです。

では、英語的な論理＝ロジックとはなんでしょうか。簡単に言うと、英語の論理は、

introduction（イントロダクション＝序論）→body（ボディ＝本論）→conclusion（コンクルージョン＝結論）、これだけです。「なあんだ、日本語でも習ったよ、起承転結と同じじゃないか」と思われる方もいらっしゃるかもしれませんが、これが別モノなのです。

英語の「序論」のポイントは2つ。「今日のテーマは～です」（topic）、「テーマについての私の主張は～です」（thesis statement）と、**先にテーマと結論を言ってしまいます**。当たり障りのない天気の話などでスピーチを始めて、最後にならないと結論が分からない日本の序論とは違うのです。

次の「本論」は、thesis statement（一番言いたいこと）をこれでもかとサポートする具体例を、優先順位に従って複数入れます。

最後の「結論」は、thesis statement をもう一度繰り返してまとめます。どうでしょう？日本で習った起承転結とずいぶん違いますね。

【ロジカル英語の基本構造】

ステップ1　序論：自分の言いたいことを先に言う。

ステップ2　本論：自分の言いたいことが正しいと証明する具体例を優先順位羅列する。

ステップ3　結論：自分の言いたいことを繰り返してまとめる。

このように、自分の言いたいことから先に伝えると、相手の貴重な時間を無駄にしません。次に、なぜそういう結論に達したかを具体的に説明すれば、こちらの主張に納得してもらえます。これは討論（ディベート）、交渉（ネゴシエーション）、発表（プレゼンテーション）といった、グローバル社会に必須のスキルの土台、「グローバル地頭」の基本となるものです。

イントロ・ボディ・結論の3段論法など、誰でも知っている、と思う人もいるかもしれませんが、このプロセスで忘れてはならない重要なことが3つあります。

1　話し手は常に相手目線であること。相手にとって本当に分かりやすくて面白いことを発言できていること。

2　内容が首尾一貫していること。話がテーマから逸脱せずに、リズミカルに流れていること。

3　自分にしか言えない特別な情報があること。誰でも知っている一般論をくどくど述

べたり、「政府はもっと〜〜すべきだ」といったやる気をまったく感じない結論になったりせずに、自分のオリジナルのアイディアを主張できていること。

ハーバード生が捨てた資料

なぜこの話をするかというと、日本人はとかく形から入ってしまい、見栄えのよい形がそれなりに完成すると落ち着いてしまうからです。

ハーバード生が講師陣のＳＩＪは、日本にある外部の団体様とコラボさせていただくこともあります。交流イベントでまず、日本側団体は、数ヵ月かけて英語で作成した力作の「資料」をハーバード生たちに「これを読んでください」と配布します。そこで日本側は「やれやれ、我々の任務は無事に成功した」と落ち着くわけですが、当のハーバード生たちはその「力作英文資料」に2秒ほど目線を落として、捨ててしまいます。

それをされた日本側の団体は、日本人だけの反省会の場で、「アメリカの学生は無礼だ」と私に怒りをぶつけます。これが起きるたびに、私は、「なぜ、資料が捨てられたその場で、アメリカ人学生に『無礼だ』と言わないのか、私に今さら言っても彼らは帰国している」「なぜ、資料を配布するその場で『これを読んでおいてください』ではなく、『この資料がいかにこのイベントの要でありものすごいものであるのか』を口頭で説明しないのか」と真実を伝えることになるわけです。

グローバル社会では、重要性と希少性を説明しない限り、たとえいわゆる目上の者が作成したプレゼンでも資料でも見向きもされません。ここを取り違えずに、ロジックを出していく必要があるのが、これからの子どもたちです。

家庭でできるロジカル思考練習

日本語で上手にできないことが、英語をマスターした途端突然うまくできるようになるわけがありません。小さいお子さんにも、家庭の会話でロジカル思考に親しませておきましょう。簡単です。

家庭の食卓やリビングテーブルでの家族団欒のひとときに、「結論から先に言い、すぐに理由を2つ述べる」練習をします。楽しいテーマを選ぶのがコツです。

【例1：幼児〜小学校低学年】

親「夏休みにしたいことは何？」

子「家族でおばあちゃんの家に行きたい。1つ目、長い休みにしかおばあちゃんに会えないから。2つ目、おばあちゃんが、とても喜んでくれるから」

【例2：小学校中学年・高学年】

親「サッカーはまだ続けたい？」

子「続けたい。理由は2つ。1つ目は、もうすぐ強いチームとの試合で、絶対に勝ちたいから。2つ目は、今のチームの仲間との友情を大切にしたいから」

楽しいテーマを選ぶと、お子さんも目を輝かせて考えてくれるでしょう。ポイントは、時間を決めてポンポンポンと、リズムよく発言させること。**考える時間15秒、発表45秒**です。

終わったら「それはいい考えだね！」「よく分かるよ！」と、たくさんほめてあげましょう。どんな答えでも、けっしてケチをつけないことが大事です。ケチをつけられた瞬間、お子さんはイヤになってしまいます。

ロジカルな思考に慣れない最初のうちは「う〜ん、水族館も行きたいし、遊園地も行きたいし……」「そんなこと聞かれても、はっきり決められないよ」などという答えが返ってくるかもしれませんが、気にせずこの練習を続ければ、自然とロジカル思考が身についていきます。

もちろん日本語の曖昧さにもよいところはたくさんあり、実際、論理や主張にうんざりした英語圏の人間が日本に住みつく例を私もかなり見てきました。日本の伝統である曖昧さは、お子さんに小説や随筆などを多読させて、どんどん楽しんでもらいましょう。日本語独特の表現力も身につきます。

ルール 11

「将来、何になりたい？」と聞かない

伸ばせない親：職業を名詞で考える
伸ばす親：職業を動詞で考える

子どもへの定番の質問に潜む罠

「将来の夢は何？」

「将来は何になりたい？」

大人が子どもに聞く質問の定番ですね。物心ついた頃から社会人になるまで、子どもは何回もこの質問を投げかけられることになります。

小さい頃は、サッカー選手、パティシエ、お花屋さん、歌手など、夢のある職業名が並びます。今だったらユーチューバーも多いかもしれません。それがやがて「現実を見なければ」という意識が芽生えると、志望校の名前だったり、志望企業名になっていきます。「進学率のいい学校に入ってほしい」「一流大学に入ってほしい」「安定した職業に就いてほしい」「大企業に勤めてほしい」と思っている親が多いからこそ、そんな親の思いをキャッチして、子どもも将来の夢を「現実的に」軌道修正していくのかもしれません。

けれど私は、本当に子どもを伸ばしたい、と願うのなら、将来の夢を「名詞」で答えさせようとするのは、やめたほうがいいと思っています。

150年前の言葉の真実

アイルランド出身の19世紀の作家オスカー・ワイルドはこう書いています。

もしあなたがグローサリーの店主や軍人、政治家、裁判官などになりたいとしたら当然目指した者になってしまう。

それがあなたへの罰だからです。
もしなりたいものを決めずにダイナミックでアーティスティックな人生を歩めば、
もし毎日自分のことを決めつけずに人生を過ごせば、
あなたは何にでもなれるのです。
それがあなたへの報いなのです。

オスカー・ワイルドは、「現実を見なさい」という若者に対する声かけがそもそも間違っていると語りかけています。

人はひとたび「軍人」「政治家」「裁判官」といった名詞を目指してしまうと、それ以上の人間にはなれません。大人が子どもに、「将来あなたは〇〇になりなさい」「△△学校の生徒になりなさい」と名詞を目指すように仕向けるのは、子どもにあらかじめ限界を作ってしまう「罰」だというわけです。

そもそもこれだけ激動している時代、その職業が未来も今と同じように輝かしいものであるとは限らないし、目指す職業がいつまであるかも分かりません。その職業がなくなってからでは、「他に目を向けさせてもらえなかった」と親や自分を恨んでも遅いのです。

今、世の中にないものを形にするクリエイティビティも育ちません。名詞を目指したばっかりに「罰」を受けることになってしまうわけです。

けれど、どんな親も我が子には、自らの可能性をできる限り伸ばして、その未来を輝かせてほしい、と願っていることでしょう。では、子どもを伸ばしたい親は、どのように声をかけるべきなのでしょうか。

ハーバード生の親が子どもにかける言葉

SIJで講師をお願いする学生は、ハーバード生100人余りの応募から、私自身が毎年、書類と面接で選抜しています。「親から言われてとくに今の自分に影響を与えている言葉は？」と聞くと、彼らが決まって口にする言葉があります。

それがルール6でもお話しした〝Make an impact〟です。

彼らは、親御さんにことあるごとに〝Make an impact!〟と励まされて育ったというのです。**彼らは成長過程で決して「〜〜になりなさい」という名詞を目指すようには言われ**

ていません。「世界に、社会に影響を与えなさい」と「動詞」で活躍するように励まされて育っているのです。

「社会を変えよう」と思って育てば、〝You can be anything!（何にでもなれる！）〟です。一方で「お医者さんになりなさい」と言われて育てば、お医者さんにしかなれません。もしなるなら、Make an impact なお医者さんになってほしいですよね。

ハーバード生がよく使う言葉がもう1つあります。

それは〝Grow out of your comfort zone.（自分の殻から抜け出せ）〟。現状を打破するところに自分の役割や未来を見出しているので、既存の職業名を目指すことには価値を置いていないのだということが分かります。

今、社会的に成功している人を思い浮かべても、職業名や肩書きという「名詞」にとらわれている人は少ないように思います。たとえばホリエモンや前澤友作さん、イーロン・マスクやビル・ゲイツの職業が何なのかは、一言では答えられないですよね。マーク・ザッカーバーグだって「Facebookというプラットフォームの創始者になろう」と思って今の立場になったわけではないはずです。時代を読み、自分を信じて、常に殻を破る「ダイナミックでアーティスティック」な生き方を実践する人が、成功者になるのではないでしょうか。

それは、地道に自分の好きなことを継続し、スキルを伸ばしていった先に「動詞」での活躍があるのであって、あらかじめ「〜〜になる」と決めて即席講習で身につけたスキルで職業を手に入れるのとは異なります。

「動詞」で生きよう！

たとえば知り合いのMIT（マサチューセッツ工科大学）の学生に、ノンネイティブの人も英語でスピーチをできるようになるメソッドを開発している子がいます。これも、彼が自分の得意なことを磨いていって、Make an impactしよう、とした先に見つけたビジネスなのだと思います。

私自身、娘のすみれに「ハーバードに行きなさい」と言ったことも「バイオリニストになりなさい」と言ったこともありません。実際、「娘さんの職業は何ですか？」と聞かれても、答えるのは非常に難しい。コンサートなどでバイオリンの演奏をしているし、作曲をすることもある。大学で教えてもいるし、講演会やテレビに出演して話すこともあるし、本も書いている。本人も「〜〜になる」と決めてこうなったのではなく、社会に少しでもインパクトを与えたい、貢献したいと得意を磨き、目の前のできることをまだ積み重ねている過程が今なのだと思います。それが「名詞」にはできない「動詞」の行動になっているのでしょう。

「社会を変えよう」と言っても「世界で活躍しなきゃ」と大げさに考える必要はないのです。世界196ヵ国にMake an impactする必要はなくて、**まずは自分の知っている世界で小さなインパクトを起こす**。そこからでいいのです。

人は、名詞を目指すのではなく、動詞として生きていく。これを子育てをするうえで心に刻んでおけば、お子さんの未来は限りなく開けていくはずです。

ルール 12

ゴールを先に見せる

伸ばせない親：簡単なことに時間をかける
伸ばす親：難しいことから先にする

難しいことから先にする

オリンピックやワールドカップといったスポーツ競技を見ていると気づくことがあります。それは、世界的な大会に出場するようなスポーツ選手は、たいていスポーツ一家に育ち、親も元アスリートであることが多い、ということです。

これは、飛び抜けた身体能力は遺伝で決まる、ということなのでしょうか？　それもあ

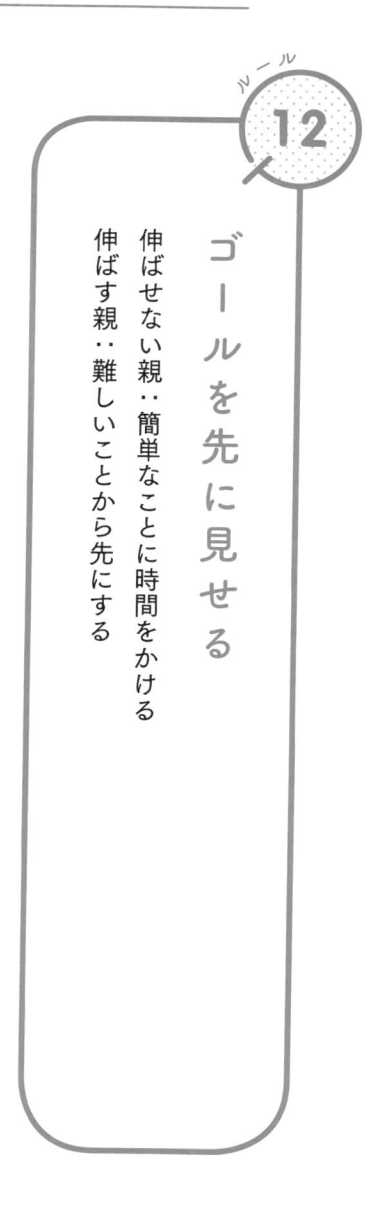

るかもしれません。けれど、私はもっと大きな理由があると考えています。アスリートの親が子育てで必ずしていること。それは、子どもに小さいときからその競技の「最終ゴール」を見せている、ということなのです。**「まだ小さいから」「まだできないから」という先入観なしに、その競技で到達すべき地点――たとえばオリンピックやワールドカップ――を最初から具体的に見せている。**「あなたはそこに行く人なんだよ」と見せている。だから、そこに到達するために必要かつ最短の道を小さいうちから選択できるのです。

ここには「世界で通用する英語の習得」にも通じる、1つの真実があると思います。「ゴールを先に見せる」「難しいことから先にする」。これは、私が娘のすみれと実践した家庭学習でも、現在行っている英語レッスンでもモットーにしている基本です。だからこそ、英語の学習経験ゼロのお子さんにも、ABCの書き取りや歌やゲームはすっ飛ばして、いきなり長文読解までするようなロケット噴射型の英語学習を行っているのです。

なぜでしょうか？　それは「小さいうちに英語を身につけさせるためには、インターナショナル幼稚園に通わせたほうがいいでしょうか？」という親御さんの質問に、私が「その必要はありません」と答えるのと同じ理由です。幼稚園の砂場で使う言葉は、大人になってからは使わないからです。

オンラインで世界中がつながっているこの時代、国内外のどこにいたとしても、英語で有用な情報を取捨選択し、英語で自らを発信できることが、お子さんが将来、いきいきと活躍するための鍵となります。そのとき、子どもが遊びで使う英語は、役に立たないのです。もともと周囲に自然と英語を話す環境があるネイティブの子どもとは違って、非ネイティブの子どもが、大人になってからは使わない言葉の習得に、わざわざ高いお金と時間を使うのはもったいないのではないでしょうか。

ロケット噴射型で子どもは伸びる

やさしいことに時間をかけずに、最初から子どもをロケット噴射で高いレベルまで持っていくと、そこからさらに伸びるようになる。この話をオリンピックや世界大会に出場経験のあるトップアスリートの方々の前でしたところ、とても共感していただけたことがあります。実際、彼らは幼少期から世界のトップを間近で見て、「小さいからできない」「難しいからできない」ということを考えることもなく、最初からチャレンジしているからです。

たとえば、２０２1年、東京五輪のサーフィン競技で銀メダルを取った選手がいます。彼の親御さんは、３歳のときに息子さんがサーフショップでほしがった8万円のサーフボードを買い与えたといいます。これも、もし親御さんがそのとき「子どもにはまだ早い」という先入観にとらわれていたら、その後のメダリストは育たなかったわけです。

音楽の世界でも同じです。たとえば国際的なピアノのコンクールで入賞するお子さんは、驚くような大曲を小学生でも弾きこなします。

子どもの楽器の習い事といえば、まずドレミを習って、簡単な曲やドリルのような練習曲を順番にこなしていって、いつかは大曲に……とイメージしている方も多いでしょう。けれど実は、コンクールで入賞するようなお子さんは、多くの人が何年もかかってたどっていく（と信じ込んでいる）ドレミやドリルや簡単な曲はさっさと終えて、すぐに難曲を弾いているのです。

娘のすみれは2歳でバイオリンを始めましたが、最初についたバイオリンの先生は、簡単な基礎に何年もかけて徐々に難しい曲に、という考えの方でした。そこで最初のレッスンは、壁に頭からかかとまでをつけた姿勢を20分間保つところからのスタートでした。「先生、いつバイオリンを弾くのですか？」と、付き添っていた私が思わず尋ねると、「バイオリンは弾く姿勢で決まりますから、今日は姿勢だけを学びます」という答えが返ってきました。翌週は「ラ、ラ、ラ、ラ……」とラの音ばかり弾かされて終わり。「先生、いつになったら曲を弾くのですか？」と尋ねると、「バイオリンは姿勢と持ち方が命だから、まだまだ曲は弾きません」。

その回答を聞いた瞬間、申し訳ないと思いながらも、別の先生を探しました。次にレッスンを受けた先生は、対照的なロケットスタート型で、いきなり難しい曲を弾かせるタイプでした。そうでなくては、娘のバイオリンが飛躍的に向上することはなく、現在バイオリニストとして活動していることはなかったはずです。

やさしいことから順々に進めていくやり方は、子どもにラクなように思えますが、長い目で見ると効率が悪く、子どもに無駄な努力を強いることになります。ゴール（難しいことを堂々とこなしている自分の姿）をイメージできないため、練習の退屈さや曲が進まないことを自分の限界だと捉えて、楽器を習うこと自体をやめてしまい、難曲にはたどり着けないままに終わることになりかねないのです。

英検3級はネイティブの幼児レベル

これは英語でも同じだと思います。たとえば、日本で英検のレベルはこのようにカテゴライズされています。

- **英検5級＝中1レベル**
- **英検4級＝中2レベル**
- **英検3級＝中3・高校入試レベル**

けれど、それぞれの試験内容をネイティブの言語レベルと照らし合わせると、このようになります。

- **英検5級＝年少レベル**
- **英検4級＝年中レベル**
- **英検3級＝年長レベル**

日本の英語教育で高校入試レベルまで学んでも、まだネイティブの幼児レベルなのです。小3から中3までの7年間かけても、子どもが使っている英語しか理解できない、ということになります。実際には中学生なのに「今日は雨なので外で遊べません」「お腹が空いたので何か食べたいです」みたいな幼児レベルの言葉を延々と難解な文法用語で勉強させられたら、うんざりして英語自体を嫌いになってしまってもおかしくありません。しかもこのスピードでは、ビジネスで使えたり、世界で通用したりする英語を習得するまで、何年かかってもたどり着ける気がしません。

難しいことから先にするとあとがラク

英語習得を成功させる方法も、スポーツや音楽と一緒です。ネイティブの幼児がしゃべっているフレーズの習得に何年もの時間を割くよりも、**ロケット噴射型で「最初に最終ゴールを見せる」「難しいことから先にする」のが近道**なのです。

実際、私が現在行っているレッスンでは、英単語「banana」から始めて75分後には、小さなお子さんも中2レベルの長文を読みこなします。同じ方法で、娘のすみれは、小学生のときに大学センター試験（現大学入学共通テスト）の長文問題を読んでいました。

中高の英語学習の目的が大学受験なら、先にゴール（＝大学受験）を見せたほうがイメージがつかめる、という考えからでした。すっ飛ばしたのは、ABCの書き取りや文法説明です。これらはそのうち自然に身につけることができるからです。そうでなければ大分の公立高校にいた娘が、塾通いや海外留学をすることもなく、すべての教科を英語で受験し、ハーバード大学に現役合格することはできなかったでしょう。

どんな世界でも、子どもを飛躍的に成長させている親御さんの共通点は「子どもだからやさしいことしかできない」という先入観がないことです。まずは、子どもの無限の可能性を信じることから始めてみましょう。

ルール 13

自己肯定感を育む

伸ばせない親：命令する
伸ばす親：対話する

何事も締め切り当日にするハーバード生

サマースクールＳＩＪ第１回の講師募集をスタートさせたものの、応募メールが１通も来ない！　そんな事態に焦りまくっていたところ、締め切り当日の締め切り時間数分前になって、ハーバード生たちから応募が怒濤のように届いた、というお話を本書の冒頭でしました。この一件で、すみれが言っていた「ハーバード生は何事も締め切りギリギリにする」説は本当だと判明。ＳＩＪをスタートさせたあとも、ハーバード生たちにタスクをお願いしたときは、締め切り当日までなんの心配もなく待っていられるようになりました。

彼らが締め切りギリギリに提出してくる仕事はいつもパーフェクト。締め切りギリギリでもいつでも最高のパフォーマンスを発揮する自信と実績があるからこそだな、と感嘆させられます。ここでの〝パーフェクト〟の意味は、タスクが与えられた初日からずっとウンウン悩みながら取り組んでアウトプットされた結果Aと、初日にタスクを把握したうえで締め切り日まで放置していて、当日に仕上げたハーバード生たちの結果Bが同じだということ。つまりハーバード生のタスク処理は究極に効率的なのです。

このハーバード生に備わっている行動原理は、いわゆる「自己肯定感」に支えられているものだと言えるでしょう。自分の子どもには「自己肯定感を持って育ってほしい」と考えている親御さんは多いと思いますが、この「自己肯定感」というものが、いったいどのようにして出来上がっているのか、もう少し解像度を上げて見ていきたいと思います。

自己肯定感とは何か？

漠然と「自己肯定感」といっても、それは３つの要素から成り立っています。

【自己肯定感を支える３つの条件】

1 把握可能感

困難な状況に陥っても、怯《ひる》んだり慌てたりすることなく、解決できる問題として、するべきことをリスト化できる。さらに解決できた未来を予測できる。

2 処理可能感

困難な状況に陥っても、それを解決し、先に進める能力やリソースが自分には備わっている、と信じている。「なんとかなるさ！」精神。

3 有意味感

よいこと、悪いこと、何が起きようとも、自分の人生にとって意味がある、一定の犠牲を払うに値する、とポジティブに思える。

この3つを備えることで、**「どんな困難も乗り越えられる！」という自信を持って様々なチャレンジをすることができます。また、実際に困難と向かい合ったときにも、ストレスを感じることなく、明るく前向きに対応できます。**結果、人生において成功しやすくなるわけです。

この3条件は、アメリカの医療社会学者のアーロン・アントノフスキーが提唱した〝SOC（Sense of Coherence／首尾一貫感覚）〟の3要素とも一致します。SOCとは、ストレスや困難な状況に直面した際に、個人がその状況を理解し、受け入れ、対処するための認知的なフレームワーク。SOCのレベルが高い人はストレスに対処し、自らの健康や幸福感を守るスキルが高いとされています。

ハーバード式のタスク処理

たとえば、やるべきタスクを締め切り日まで放置してもその日に仕上げられるのは、「把握可能感」のおかげでしょう。そもそもハーバード入試に挑戦したり、難しい就職先に挑戦できるのは「処理可能感」のおかげです。

ただ、「うちの子、夏休みの宿題は毎年、ギリギリまで手をつけずに最終日にやっているわ」というのは、必ずしもこのハーバード式とは限りません。「ギリギリまで怠けていて締め切り前に慌ててやる」のと、「多くのタスクを処理する優先順位をつけて、それぞれに必要とされるパフォーマンスを発揮できる」ことは大きく違うからです。

ポイントは、夏休みの初日に、すべての宿題を俯瞰して、「把握可能感」と「処理可能感」を持ってタスク処理の優先順位をつけられるかどうか、です。夏休みの宿題が、

・ドリル「夏休みの友」

- **読書感想文**
- **星空観察**

だったとして、「星空観察は1日じゃできないな」と把握したら、「この日とこの日に10分ずつだけ観察する」と決める。「感想文も最後の日にいきなりは書けないな」と把握したら「1日で本を読んでポイントをメモしておき、次の日に感想文を書く」と決める。これが「把握可能感」と「処理可能感」です。

なぜハーバード生たちはこんなに効率を重視するのでしょうか？　より多くの仕事を詰め込むためでしょうか？　いえ、それは「のんびり時間」を作るためです。**彼らが効率よくタスクに取り組み、仕上げが締め切りギリギリになるのも、自分の好きなこと、得意なことに打ち込むため**なのです。

もちろんそれは「把握可能感」「処理可能感」があってのこと。また、必要とあれば与えられたタスクをしっかり仕上げるのは「有意味感」があってのことです。

「自分軸」でのんびり時間を作る

そういうわけで、夏休みは「サッカーの試合に向けて練習をたくさん頑張る！」「ピアノのコンクールに向けて徹底的に練習する！」ということを優先させたい、というお子さんが、夏休みの初日に「把握可能感」「処理可能感」「有意味感」を持って宿題を後回しにするのは、まさに自己肯定感に基づいた行動だと言えるでしょう。

バイオリンの練習を最優先させたかった我が家の娘のすみれの場合は、ドリルは答えを丸写しし、その答えを暗記していたというのは、すでにお話しした通りです。これなら1日で終わります。

これが「難しい！」と思う方におすすめなのは、ルール1でもお話ししたように「他人軸」を捨てて、「自分軸」でいることです。「勉強は長い時間するべきもの」「人がやっているから」と不要な習い事や塾のコースを増やしてしまうのは、他人軸に振り回された行動です。自分軸で「うちの子にはいらない」とスッパリ捨てられると、タスクに優先順位をつけて「のんびり時間」を作ることができます。

自己肯定感を育む環境を作る

ではハーバード生たちは、どうやってこの自己肯定感の3つの条件を培ってきたのでしょうか？

ハーバード生にどんな家庭に育ったのか尋ねると、彼らが必ず口にするのが「親とはいつも対話があった」という言葉です。

「対話」と言っても、「人生いかに生きるべきか」「人生で大切なものとは何か」といった、かしこまった内容を指しているわけではありません。**対話で重要なのは、トピックそのものではなく、「相手がほしいものを先に与える」ということ**だからです。

親子の対話というのは、親が「これをしなさい」「〇〇大学を目指しなさい」と指示したり、命令したりすることではありません。子どもが求めている会話をし、環境を用意することです。

ＳＩＪの講師Ｊさんは幼少期から鳥が好きで、そんな彼のために両親は週末、野山にバードウォッチングに連れ出してくれたと言います。またお芝居好きのＡさんの両親は、よく彼女を観劇に連れて行ってくれたそうです。さらに興味関心のある事柄について親と交わす対話があったため、ますますそれが好きになり、１つのことを突き詰めていく原動力になったと言います。

私も娘が小さい頃、「英語の勉強をしなさい」「英検に合格しなさい」「海外の大学を受けなさい」と指示したことは一度もありません。では**何をしたかというと、ホームパーティ**です。自宅に海外からどんどん友人たちを招いて、英語で談笑しながら食事できる環境を大分という地方に作ってしまったのです。周りの人たちが当たり前に英語を話している環境が生まれたことで、娘は小学校に上がるまで、本気で日本の公用語は英語と日本語のバイリンガルだと思っていたようです。

また、「バイオリンを弾きなさい」「練習しなさい」と命令したことも一度もありません。したことといえば、リビングで親子で音楽を楽しみ「素敵な曲よね」と会話したのち、その楽譜を購入し、本棚に差しておく、というようなことです。

ＳＩＪを作った動機の１つも、「英語でコミュニケーションして難しいことをできるようになりなさい」と口で指示するのではなく、未来を担う子どもたちが、自然にハーバード生たちと交流して、学びとる場を作りたかったからです。

「1人じゃない」からこそ、困難を乗り越えられる

「〜〜しなさい」という命令に応え、人から与えられたタスクをクリアすることを目的としているうちは、自分自身を俯瞰的に見つめ、どんな環境でも「なんとかなる！」と自らを信頼するスキルは磨かれません。

自分が見つけた好きなこと、得意なことを突き詰めていく。それを応援してくれる大人が周りにいることで、子どもたちは、自信を持って様々なことにチャレンジしたり、人とコミュニケーションしたりすることができるようになるのです。

指示や命令ではなく、対話。子どもが自信を持って好きなことに打ち込める環境を作ること。これこそ、自己肯定感を支える３条件を育むことにつながるのです。

自己肯定感が育まれると、**自分の得意なことを人に差し出すことができるようになります。すると、他者からのサポートも受け取りやすくなります。**そうして生まれる「よい友人」「よい仲間」は、困難な状況でも自らを支えてくれるリソースとなってくれるでしょう。世の中に、1人でできる仕事というものはありませんから、自分以外に頼れるリソースがある、と信じられることは、どんな困難も乗り越えられる、という最強の心の支えとなります。「いざとなったら1人じゃない！」と思えることで、子どもの自己肯定感はますます補強されるのです。

ルール 14

家庭を安全地帯にする

伸ばせない親：「正解は1つ」と思っている
伸ばす親：子どもがした選択こそが正解と考える

発言しなければ存在しないのと同じ

私が主宰するディリーゴ英語教室のオンラインレッスンは、「発言したい人〜？」と聞いて、子どもたちに手を挙げて答えてもらうことで進行します。先生から子どもを指名して答えてもらうことは一切なし。子どもたちが、我先にと手を挙げて発言するにぎやかなレッスンが展開します。

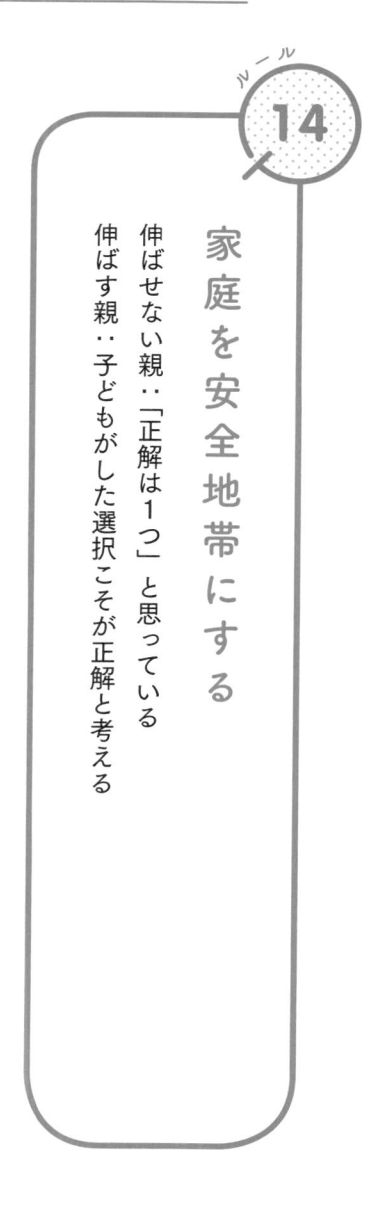

といっても、知らない子同士が集うオンラインのクラスで、最初から積極的に手を挙げて発言できる子どもはなかなかいません。日本の子どもたちには、周りを見て発言する習慣、そして「間違えてはいけない」という恐怖心が染みついているためです。

ただ「間違えてもいいんだよ」と口で言うことはしません。その代わりにこんなことをします。

まず、私が水が入ったペットボトルを持ち上げて、「これはなんでしょう?」と質問します。たいてい、手を挙げる子どもはいません。なぜなら正しい答えが「水」なのか、もしかしたら「お茶」なのか、はたまた「ペットボトル」なのか、定かではないからです。間違えたくないので誰も手を挙げないのです。

「ハーバードの授業では、一度も発言しなかったら欠席とほぼ同じ扱い」というのはルール9でもお話しした通り。そこで、「発言しない人は、欠席と同じなんだよ。テストが100点だとしても、手を挙げないとその場にいると認められないよ」と話します。そうすると「ヤバい!」と思うのか、半分くらいの子から手が挙がります。それでも全員ではありません。

次に、私が「正解はビールでした〜」と言ってグビグビ飲む真似をしてみせます。明らかに間違いです。さすがに子どもたちの間にも「そんなわけないじゃないか！」という雰囲気が生まれます。

これは何をしているのかというと、**「失敗しても、間違ってもOK！」という、子どもにとっての安全地帯を作っている**のです。

ここで第2問です。ペンを取り出して「これはなんでしょう？」と聞いてみます。今度はみんなから手が挙がります。そこで私が「正解は、〝うまい棒〟です」と言うと、みんな大笑いです。これで最優先なのは、正解することではなく、手を挙げて発言することなのだと子どもたちにもしっかり伝わります。

同時に伝えるのは「分からなくても手を挙げてから考えればいい」ということ。「絶対にダメ出しされない」という安心感のある場を作ることで、ようやく挙手と発言が活発なレッスンを行うことができるようになるのです。

「間違ってもＯＫ」な安全地帯を作るには

間違っているのに「ＯＫ」と言ったら、ウソをつくことになってしまいませんか？　とよく聞かれます。「間違ってもＯＫ」な安全地帯を作るのに重要なポイントは、**そもそも正解／不正解が明らかな質問をしない**、ということ。

そこで私のレッスンでは、「〝play〟の意味は何ですか？」と意味を質問したり、「A：(　) are you from?　B：I'm from Tokyo.　ここのカッコには何が入りますか？」といった穴埋め問題は出したりはしません。子どもを試すことはしないのです。

覚えて活用できることが学習です。そこで、レッスン中に手を挙げて発言してもらうのは、テキストに書いてある単語を読んでもらう、宿題で覚えてきてもらったセンテンスを読んでもらう、覚えたセンテンスを使って子ども同士で会話してもらう……こういったことになります。絶対にできるので、できたら「すごい！　天才！」と100%ほめられます。

発音が間違っていても指摘しません。「勇気を出して答えてくれてありがとう！」とほめます。英語は世界各国の人が使う言語。英国国王陛下の挨拶やアメリカ大統領のスピーチでもない限り、どんな発音でも正解、くらいに思っておけばよいのです。

試さない、ダメ出ししない

教室の親御さんたちからよく「息子がクラスでたくさんほめてもらえる、と喜んでいます」「娘がクラスでいつもほめてもらえるので楽しいと言っています」というようなメールをいただきますが、それを見るたび、嬉しく思うのと同時に、「いつもどれだけダメ出しをされているんだろう」と心配になります。

家庭こそ「間違ってもOK」な安全地帯であってほしいのです。正解は親や先生が握っていて、正解できるか子どもを試し、テストの点数がよかったときや親が希望する進路をクリアしたときだけほめる。これは、子どもにとっての安全地帯ではありません。「70点しか取れなかったの？　次はもっと頑張りなさい」というように減点主義で評価され、ダメ出しされていては、間違うことを恐れる子どもが出来上がってしまいます。

間違うことを恐れるようになると何がいけないかというと、間違えないためには何もしないのが一番、と新しいことにチャレンジしなくなってしまうことです。間違うことを恐れずに、あらゆる物事に積極的に関わり、チャレンジし、たとえ失敗しても安心して「次はできるはずだ」と努力と試行錯誤を繰り返せる。そんな環境があってこそ子どもたちは、達成感と成功体験を積み重ねることができるのです。

あのエジソンもよく実験に失敗していて「私は失敗したのではない。うまくいかない方法を1万通り発見したのだ」という言葉を残したそうです。

親御さんに示してほしいのは、「〇〇ができたからお利口ね」とほめる条件付きの愛情ではなく、「あなたがいてくれるだけで幸せ」という無条件の愛情です。子どもの近くで寄り添い、安心感を与え続けること。**親御さんの「アンコンディショナル・ラブ（どんなときも何があってもあなたの味方です）」と「フル・アテンション（いつもあなたを見守っています）」があって初めて、家庭は子どもにとっての安全地帯になります。**

減点主義ではなく、子どもができたことを100％ほめてください。親の顔色を窺ったり、失敗を恐れたりすることなく、子どもが安心して自分の選択をできる環境を作ってあげてください。「ほめるとつけ上がるのでは」と心配する親御さんがいますが、その心配は不要です。「あなたはいるだけで価値がある」と認められて育った子どもは、他人と比較して自己承認する必要がありません。比べるのは、「昨日の自分」と「今の自分」だけ。そこまでできていたら、自分で自分の弱点に気づき、自ら修正し、伸びていきます。

親ができるのは、子どもを「未来からやってきた使者」として、その可能性を発揮できる環境を整えることなのです。

ルール 15

進学先は世界中にあると考える

伸ばせない親：日本の大学が経済的と考える
伸ばす親：学費定額を疑う

日本の学費は高すぎる

保護者の収入が減ったため、大学進学を諦めたり、大学を退学せざるをえなくなった学生が増えている、というニュースに胸が痛みます。そもそも日本の教育費は高すぎるのです。今から約20年前の２００２年の大学入学金と授業料はいくらだったでしょうか。文部科学省の発表によると、国立大学の平均値（授業料＋入学金）が77万８８００円、私立大学の平均値が１０８万９１９５円でした。それから20年後の２０２２年度は、国立が81万

7800円、私立が164万3466円と国立私立ともに増額となっています。

「いえいえ、ハーバード大の学費は、もっと高いんでしょう?」と思う方もいるかもしれません。たしかに、ハーバードの正規の年間の学費は、公式HPによると、年間7万6479ドル(994万円ほど、以下すべて、1ドル=130円で計算)。授業料、寮費や食費、保険料も込みのトータルでの額ですが、とんでもない高額だと言えます。ところが、この正規の学費を全額払っている学生は非常に少ないのです。もちろん我が家も正規の学費は払っていません。それどころかハーバード生の20%は、学費無料で通っているのが事実です。

実は、多くの日本人にとってハーバード大学は、日本の私立大学、それどころか国立大学に通うよりむしろ学費が安く済むシステムになっています。まさか! と思うかもしれませんが、なぜそうなるのかを説明します。

ハーバード大学の学費は値切れる⁉

ハーバード大学のウェブサイト（https://college.harvard.edu/）をチェックしてみましょう。そこには「Financial Aid（資金援助）」のページが用意されています。ここを開くと「**Net Price Calculator**」（**A**）という家庭の年収に応じて返済不要の奨学金がいくらもらえるか計算するページが出てきます。

「**Family Information（家族情報）**」（**B**）として、居住地、家族の人数、大学生の子どもの数を入力。さらに「Income Information（収入情報）」として、親の年収を入力します。そうすると、ハーバード大学1年間の学費の内訳（奨学金・親の支払い額）が自動的に算出されるのです。

日本人の平均年収は433万円（令和2年・国税庁の調査により）と言われています。高校3年生の子どもを持つ親はそこそこ年齢が高くなるため、ある程度の収入がある、あ

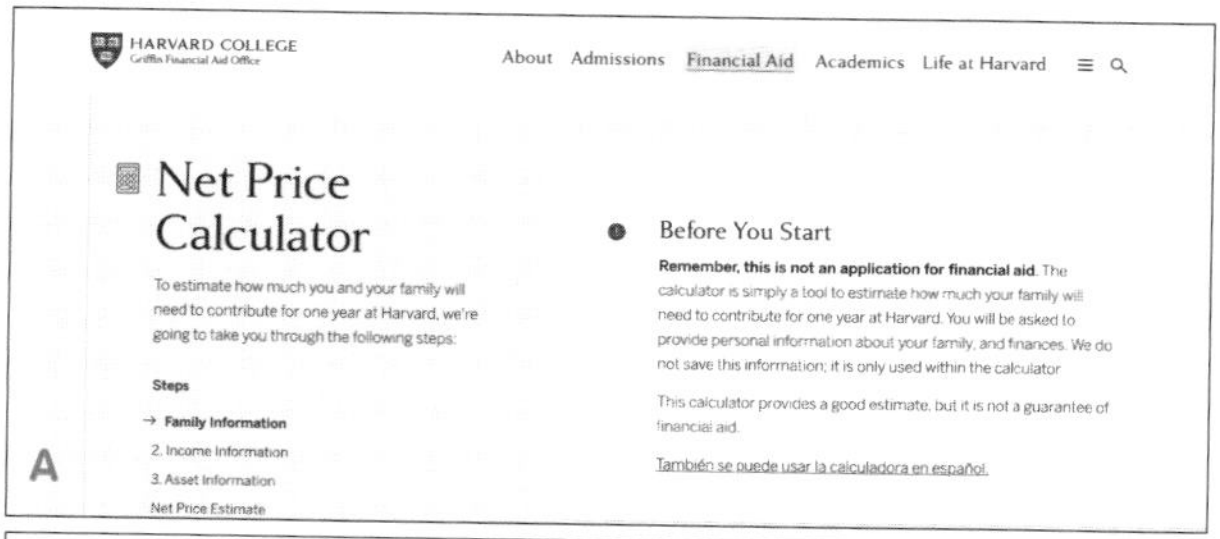
HARVARD COLLEGE
Griffin Financial Aid Office
About Admissions Financial Aid Academics Life at Harvard
Net Price Calculator
To estimate how much you and your family will need to contribute for one year at Harvard, we're going to take you through the following steps:
Steps
→ Family Information
2. Income Information
3. Asset Information
Net Price Estimate
Before You Start
Remember, this is not an application for financial aid. The calculator is simply a tool to estimate how much your family will need to contribute for one year at Harvard. You will be asked to provide personal information about your family, and finances. We do not save this information; it is only used within the calculator.
This calculator provides a good estimate, but it is not a guarantee of financial aid.
También se puede usar la calculadora en español.
A

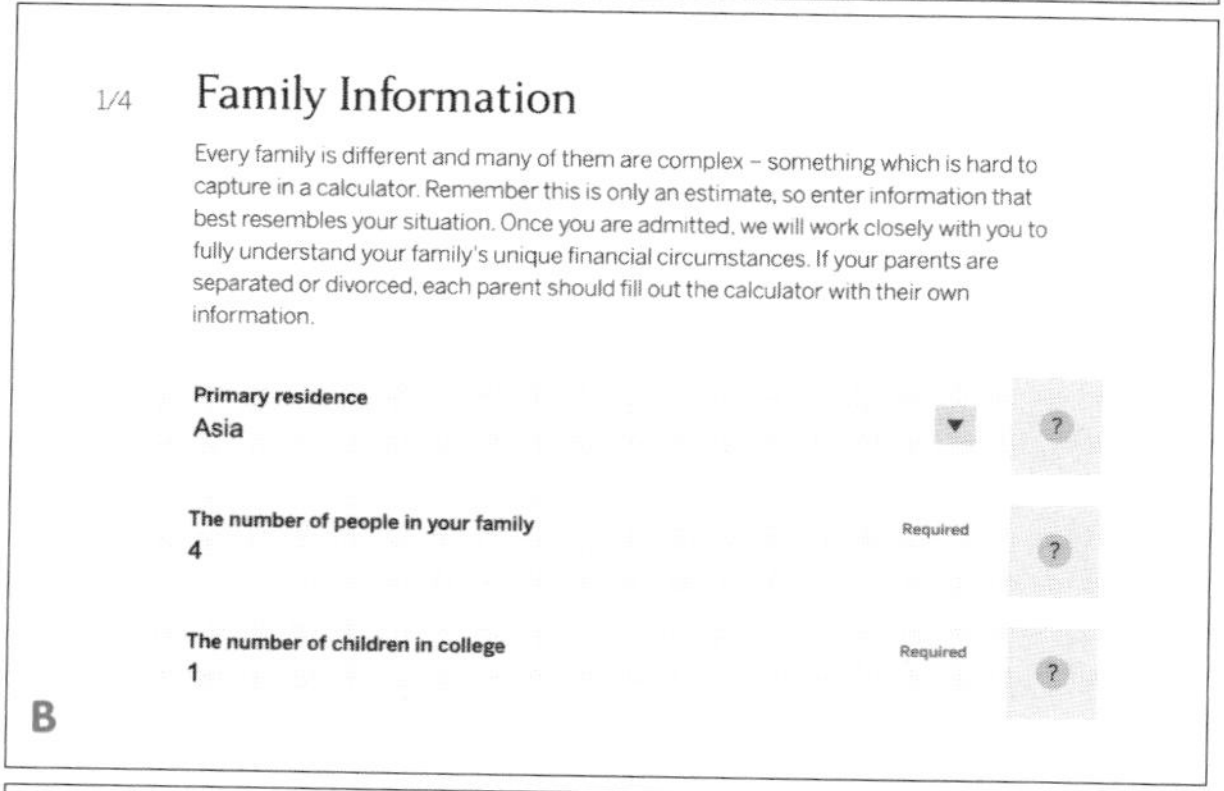
1/4
Family Information
Every family is different and many of them are complex – something which is hard to capture in a calculator. Remember this is only an estimate, so enter information that best resembles your situation. Once you are admitted, we will work closely with you to fully understand your family's unique financial circumstances. If your parents are separated or divorced, each parent should fill out the calculator with their own information.
Primary residence
Asia
The number of people in your family
4
Required
The number of children in college
1
Required
B

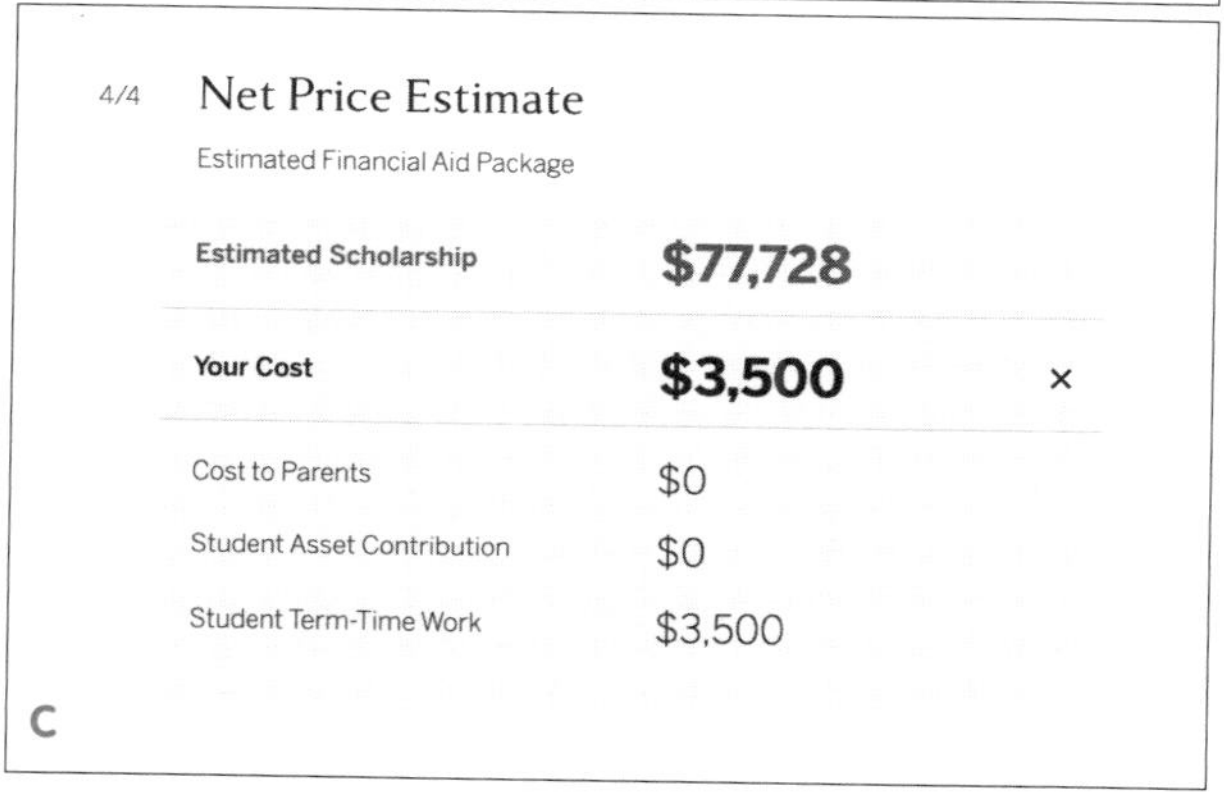
4/4
Net Price Estimate
Estimated Financial Aid Package
Estimated Scholarship
$77,728
Your Cost
$3,500
Cost to Parents
$0
Student Asset Contribution
$0
Student Term-Time Work
$3,500
C

るいは父母2人ともに収入があると想定し、試しに「居住地はアジア、4人家族、大学生は1人、年収722万円（5万5555ドル）」と入力してみます。さて、**結果は……。**（C）

なんと、年収722万円の家庭の場合、「Estimated Scholarship（推定される奨学金）」は、7万7728ドル（1010万円）にもおよび、**この奨学金は給付型なので返済不要です。**「**Your Cost**（1年間の学費〜授業料・寮費・朝夕食費・保険などすべて〜のうち家庭で支払うべき金額）」は、たったの3500ドル（45万5000円）。しかもこれは「**Student Term-Time Work**（学生のアルバイト）」でまかなうことができます。アルバイトは、寮の清掃やカレッジガイダンスなど学内でできるものを大学が斡旋してくれるので、せっかく学業に打ち込みたい学生がアルバイト探しや仕事に時間を取られる、ということがありません。「**Cost to Parent**（親の支出）」にいたってはゼロになる、というわけです。

そもそも「あなたの家族の年収が8万5000ドル以下（＝1105万円以下）ならば、何も払わなくていい」と明記されています。さらには年収15万ドル（1950万円）までの家庭は、学費の0％から10％を支払えばあとは奨学金でまかなえるシステムになっています。もちろんこれ以上の収入があっても奨学金は得られます。さらに突出した得意があれば認められて、奨学金が付与されます。

ただしこれらはすべて自己申告。世帯の収入や支出を証明するための資料を英語で用意することが必要です。逆に言えばそれさえできれば、学費を定額払う必要はないわけです。私がよく「ハーバードの学費は値切れる」と言うのは、このことを指しています。

試しにご家庭の年収を入れて、もしもお子さんがハーバードに入るとしたら、どれくらいの奨学金がもらえるか計算してみてください。

https://college.harvard.edu/financial-aid/net-price-calculator

家計にやさしいハーバード大学

このハーバードからの奨学金には、授業料だけでなく、寮費、食費、保険料も含まれます。日本で地方から東京の大学に進学する、となると、授業料以外に家賃・食費などの生活費が非常にかかることを考えると、ハーバード大学への進学のほうが家計にやさしい、と言えるのではないでしょうか。

これは、アメリカ社会に、社会に貢献する人材は社会でサポートしよう、という考えがあるからです。学費は定額で、富裕層も貧困層も同じ学費を払う。奨学金をもらえたとしても多くは返済型のため、社会に出た瞬間多額の借金を背負ってしまう。そんな日本のシステムは、将来社会に大きく貢献する可能性のある学生が学ぶ機会を奪っている、と言わざるをえません。

もちろん、たとえ学費が工面できたとしても、ハーバード入学が難関なのは間違いありません。2022年の入学者の受験合格率は3・13％。スポーツやアートなど何かの分野でプライズやアワードを獲得していたり、学業以外の活動でも目覚ましい活躍をしていたりする若者たちが、世界中から受験するからです。これまで何度も書いていますが、**すべての教科が満遍なくできたり、苦手をフォローするための塾に時間やお金を使ったりするより、得意を伸ばすために時間とお金を使ったほうがよい**、と私が考えるのはこのためです。

全額奨学金のおかげで開けた未来

ＳＩＪの講師を務めてくれたハーバード生の中にも、この全額奨学金を得られたおかげで、貧困家庭から進学し、自らの道を切り拓いていくことができた学生がいます。その１人を紹介しましょう。ブラジル出身のタバタ・アマラルさんです。

サンパウロの郊外の町で、家政婦をしていたお母さんと、バスのチケット係のお父さんの間に１９９３年に生まれた彼女は、大学進学とは無関係な環境で育ち、町の公立学校へ通っていました。

けれど、勉強への情熱は人一倍で、小５のとき、数学オリンピックで金メダルを得たおかげで、全額奨学金で、私立学校に行けることになりました。そのとき、彼女は「まったく違う世界を見た」とユネスコの取材で語っています。それから、数学、物理、言語、化学、プログラミングなど数々の賞に挑戦して、獲得したメダルは30個！ ついに、ハーバード大学全額奨学金で進学への道が開けてきたその矢先、お父さんがドラッグ中毒で亡くなってしまいます。それでも、勉学への情熱は捨てきれず、ブラジルを離れてハーバードへ進学しました。優秀な成績で卒業後、ブラジルに帰国。なんと24歳という若さで国会議員となりました。

「子どもたちは、頭の良し悪しではなく、環境に恵まれるかどうかで、その後の未来が決まる。私は、ブラジルの子どもたちみんなに、学びの環境を整備したい」と語る彼女。彼女の夢が実現することが望まれるのは、けっしてブラジルだけのことではありません。日本でも、可能性のある若者がその芽を摘まれず、学ぶ機会がきちんと与えられる環境が整備されることを願わずにはいられません。

2014年のSummer in JAPAN講師として来日してくれたタバタさんは、その後、2018年のブラジル総選挙で、ブラジル最年少の国会議員として当選した。

CHAPTER

2

親子対談・
廣津留真理×廣津留すみれ
母娘で楽しんだ
「家庭学習」という「遊び」

大分という地方に生まれ育ち、小学校から高校まで公立校に通った廣津留すみれさんは、海外留学したこともなければ、塾に通ったこともないままにハーバード大学に現役合格&卒業。ハーバードの面接も自宅の部屋からオンライン受験したのだという。首席卒業後は、ジュリアード音楽院に学び、こちらも首席卒業している。

現在、バイオリニストと

SPECIAL TALK WITH

SUMIRE HIROTSURU

廣津留すみれ

大分市出身のバイオリニスト。12歳で九州交響楽団と共演、高校在学中にNY・カーネギーホールにてソロデビュー。ハーバード大学（学士課程）卒業、ジュリアード音楽院（修士課程）修了後、ニューヨークで音楽コンサルティング会社を起業。高校在学中にイタリアで開かれたIBLA国際音楽コンクールにてグランプリ受賞、翌年全米ツアーに招待される。大学在学中に世界的チェリスト、ヨーヨー・マと共演を果たし、近年ではThe Knightsのメンバーとして録音したギル・シャハムとの最新アルバムがグラミー賞2022にノミネート。現在、世界各地で演奏を行う他、TV出演、講演など幅広く活動する。成蹊大学客員講師・国際教養大学特任准教授。CDに『メンデルスゾーン: ヴァイオリン協奏曲+シャコンヌ』、著書に『ハーバード・ジュリアードを首席卒業した私の「超・独学術」』ほか。
https://sumirehirotsuru.com/

してコンサートやTV出演に引っ張りだこ。2つの大学で教鞭を執り、朝の情報番組のレギュラーコメンテーターを務めるなど、20代にして多方面で活躍する。

既存の枠にとらわれないその働き方、生き方のベースとなったのは、幼児期から母と実践していた家庭学習だったという。どのようにしてその価値観や能力は育まれたのか、母の真理さんと語り合ってもらった。

英語学習は文法説明をすっ飛ばす

――すみれさんが、まだ赤ちゃんの頃からスタートしたという母娘の家庭学習。すみれさんはイヤだと思ったことはなかったのでしょうか？

すみれ　普通は「勉強＝やらされている」という感覚なのでしょうね。私には**「やらされている感」がまったくなかった。**なんとなく覚えているのは、家の階段一段ごとに英語の問題を書いた画用紙が置いてあって、1問1問解いて上がっていくと、一番上におやつとかおもちゃのご褒美があって。私にとっては、ミッション感覚だったな。「ミッション・インポッシブル」を「ポッシブルにする！」みたいな（笑）。

真理　ああ、2〜3歳のときね。英語のセンテンスを書いた画用紙を、1枚ずつ階段に置いて、並び替えるとストーリーができるようなゲームにしてたの。ワクワクするじゃない？

真理　家庭学習と言えば、最初にしてたのは散歩。体育よ。脳と筋肉はつながっているか

センテンスを並び替えて起承転結のストーリーを作るゲーム仕立てにしていた。

ら、体力作りと筋力を鍛えることは大事。歩けるようになったら、まだオムツ穿いてる頃から毎日1時間以上、川の土手とか由布院の町を歩いてた。土手を上まで上らせて、「下りてきて」って言って、また上らせて（笑）。冬で雪の中もガンガン歩いてたね。寒くて凍えたら温泉に入って。覚えてない？

すみれ　よく外に遊びに出かけてた記憶はある。

真理　私としては、「勉強」をさせているつもりはなくて、「世界のありとあらゆる記号を読み解きする作業をしよう！」というつもりだから。英語も日本語も数字も音符も記号。音符は24音階のスケールカードを作って「これはなんでしょう?」「C Dur（＝ハ長調）！」って覚えてたのよね。算数は私が苦手だから途中で挫折したけど（笑）。受け取る側も勉強、って思ってないし、もちろん記号を解読する作業してるとも気づいてないのよ。

すみれ　そう、単なるアクティビティだったよね。中学校に入って、英語が「教科」として始まって、ああ、これは世の中では「勉強」とされているんだな、と初めて知ったくらいかな。遊びの中で自然に覚えてたから、中2くらいのときに学校で、文法の並べ替え問題をやっていたら、塾に行っている友達に、「そこ、まだやってないのに、なんでできるの!?」って驚かれた。

真理　階段のセンテンスカードで並べ替えやってたからね（笑）。

すみれ　自分の中では「感覚的に分かる」って思っていたけど、教科として学ぶ友達にはそんな感覚はなくて。だから、中学校で習う「英文法」は逆に新鮮だった。感覚的だったことを初めて説明してもらえて「ああ、そういうことなんだ」って。

真理　私は文法説明しないからね。

最初に難しいことをするとあとがラク

真理　英語だけじゃなく、日本語もやったわね。たとえば玄関の靴の上に「靴」って書いたカードを置いておいて、「〝くつ〟を取ってきて」って頼むゲーム。1歳の頃かな。玄関に取りに行ったら「靴」って書いてあるから「ああ、これは〝靴〟って書くのか」って覚える。このゲームで「鍵」とか「傘」とか、どんどん覚えてたね。

すみれ　ええっ、それも全然覚えてない！

真理　1歳の頃かな。私には、「これは何年生で覚える漢字だから」「子どもには、これは難しすぎる」という発想がまったくなくて。**難しいことを最初にやったらあとがラク**、という考えがいつも基本。

すみれ　私が覚えているのは、絵本を読もうとすると、ひらがなの上に漢字を書いた紙が貼ってあって、めくるとひらがなの読みが分かるようになってたもの。

真理　そうそう、2歳の頃。絵本は全部ひらがなで書いてあるけれど、「小さいから漢字は読めない」って決めつけることに違和感があって。実際、小さくても喜んで覚えてたか

すみれさんが楽しみながら漢字を覚えたゲーム式漢字学習法。

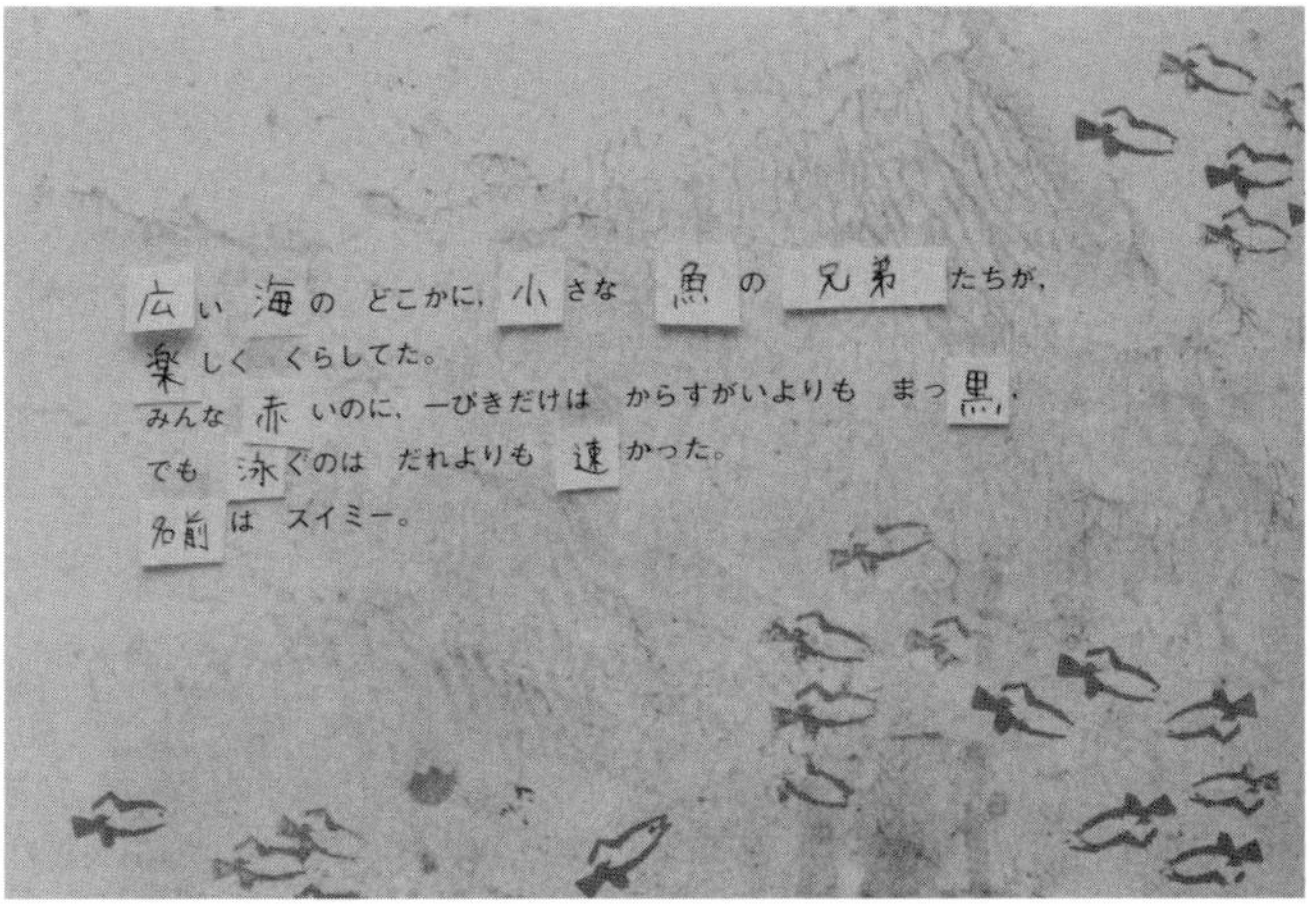

絵本『スイミー』のひらがなの上に漢字を書いた紙を貼った例。

らね。「ここから先は難しいからまだ覚えなくていい」って、学年ごとに覚えることが区切ってあるのっておかしくない？　私、3分おきに世の中の常識に疑問を感じてるから（笑）。そもそも、私自身が子どものときに、「幼児だから幼稚なことをしなきゃいけない」というのがイヤだったの。集団で同じことしなきゃいけないのもイヤだった。進路指導も、先生って偏差値しか見ていないけど、偏差値なんて関係ない、って考えなので。「学校選びも日本に限らなくてもよくない？」って考えてたし。今では普通の考えかもしれないけれど、すみれが中1のときの三者面談で「高校どうします？」って言われて、「うちはどうせ将来海外行きますから」って言ったら、「はあ？」ってぽかんとされて。

すみれ　え？　そんなこと言った？　海外行くつもりなんて全然なかったんだけど。

真理　実は就学前も、海外の小学校の資料を集めてた。でも行かせなかったのは、お金がすごくかかるのと、いなくなると寂しいから（笑）。なので、家で同じことをすればいいか、と思って。すみれが小さいときから週末ごとに、シンガポールとかスイスとか、海外からのお客さんを呼んでホームパーティして、**世の中にはいろんな言語を話す人がいる、というのを当たり前の環境にしてた**わけ。海外留学させなくても、地方の大分にいながらにして、英語を話す環境を作ってしまおう、と。まあ、私がイベント好きだったからなんだけど。

読解は宝探し

真理　よく「読み聞かせ」って言うけど、私は「読んであげる」より、「読んでもらう」派だったのね。親が読むのを聞くだけより、文章を目で見て声に出して読んで、自分自身の耳でも聞くことで、脳に深くインプットされると思ったから。これは、小さな頃から英単語の音読をスタートしたことにつながるのだけど、音読って、リーディング、スピーキング、リスニングっていう3つの技能を駆使することになるからね。

すみれ　そういえば、国語の読解の問題文も楽しかった。

真理　そうそう、動物が主人公のお話を作って、精読ではなく、速読させてたのね。「主人公はどう思ったか?」ではなく「文章の核心部分は何?」ということを聞いていたのよ。問題文を先に読んでキーワードを拾っておけば、お話を全部読まなくても、答えが分かるようになっているの。

すみれ　分かるから、楽しい。キーワード探しなので、あれはなんだか宝探しする感覚でワクワクしたな。

真理　ボキャブラリーも増えるしね。英語に限らず、語学は大事。そして、まず大量の単語をインプットすること。初めに大量のインプットをしておけば、そのあとのアウトプットはいくらでもできるようになります。

すみれ　初めて知った漢字は、ノートにコレクションしてた。どこか1ヵ所に集めたい！　という気持ちがあったのかも。自分の「漢字ノート」を作ってポケモンをコレクションする感覚で（笑）。ここに行けば、新しい漢字が見られる！っていうのが嬉しかったんだと思う。

真理　やっぱり「勉強」っていう感覚が

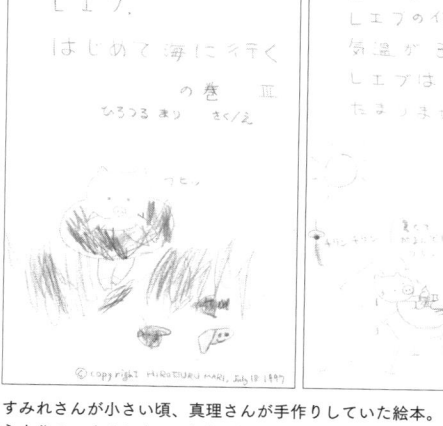

すみれさんが小さい頃、真理さんが手作りしていた絵本。ブタの「レエブ」が主人公で、すみれさんに好評だったため、シリーズ化して描いていた。

ないわよね。最初に難しいことをすると、勝手に自分で始め出すといういい例。**学校って、学ぶ内容に決められた「順番」があるけれど、子どもって興味を持ったことは、分からなければどんどん自分で調べるようになる**ものなのね。

すみれ　たしかに「はい、勉強の時間！」っていう感覚はなかったかな。たとえば「ごはんがあと15分でできるよ」っていうときに、ソファに座って単語を覚えるとか。勉強机があったわけでもないので、**生活の中で勉強の時間がかっちり分かれていたわけではなかったね**。

真理　ある大手塾の方と話していて「みんな宿題してこないんですよ」とおっしゃるので驚いたことがあったの。わざわざお金を払っているのに、宿題をしない意味が分からない、と思って。もしかしたら一般の方とは「勉強」のイメージが違うのかも。私には「勉強しないんですよ」「宿題しないんですよ」という意味が分からないから。

すみれ　私も勉強を「やらされるもの」とは思っていなかった。1つ1つ達成していくことが楽しかったんだと思う。

時間の無駄を削り、タスクを取捨選択するクセをつける

真理　すみれに**「勉強しなさい」と言ったことはなかったけれど、日常にいろいろ仕掛けをしてた**わけ。階段にカードが置いてある、とか、ホームパーティする、みたいな。でもこっちが仕掛けていることが相手にバレると白けるじゃない？　恋愛と同じで。種明かしをしたら何も面白くない。本当はこちらがデートに誘うように仕掛けているのに、男性は自分から誘ったと思っている、みたいなほうがいいでしょ（笑）。自分で選んだと思わないと、達成感はないからね。我慢できずに「〜〜しなさい」「〜〜大学に行きなさい」って言っちゃったら、「あらかじめお膳立てされてるのか」ってやる気なくすよね。

すみれ　でもそういえば、「早くしなさい」っていうフレーズは、550億回くらい聞いた（笑）。

真理　「早くしなさい」っていうのは、「早くごはん食べて学校行きなさい」「早く歯磨きして寝なさい」とかじゃないからね（笑）。「時間の無駄を削りなさい」という意味。

すみれ　私は「時間の無駄だから、宿題だのドリルだのはしなくていい。もっと自分の好

きなことをしなさい」と言われてたのが一番困った（笑）。

真理　すみれは真面目だから（笑）。

すみれ　宿題もドリルもちゃんとやらないと気が済まなかったんだよね。「5分で○問解こう」って決めてやると、タスク処理の練習にもなったかな。**1つのタスクを5分で終えれば、1時間に12のタスクを終えられる。**

真理　すみれとは小さい頃から、漢字や計算、英単語暗記などの学習をゲームのように一緒に楽しんでいたけど、どんなに楽しく取り組んでいても、ダラダラ続けないようにしていたわね。5分あれば英単語の暗記なら20個はできるし、飽きる1分前にやめれば「楽しかった！」という気持ちを残すことができる。**大切なのは、家庭での学習は効率よく終えて、好きなことに時間を使って、得意を伸ばすこと。**

すみれ　だから「単語を覚える」とか「この曲のこのパッセージを仕上げる」とか、なんでも効率よく5分で終えるクセはついたよね。「早くする」というのには2つ意味があって。マクロレベルで言うと、1つのタスクにはたとえば1分以上時間をかけない、ってことなんだけど、ミクロレベルで言うと、たとえば英語の長文に分からない単語が1つあったとしても、いちいちそこにこだわって辞書で調べてノートに意味を書いて、みたいなことはしないということ。**「しょうもないことに時間をかけない」「1つのタスクに時間をかけない」という習慣をつけたことは、その後のすべてにおいて役立ってる**ので感謝してる。

真理 日々のタスクにプライオリティを設定して、取捨選択するクセをつけるのは大事よね。

TO DOリスト作りは大人になっても役立つ習慣

すみれ 取捨選択をするクセがついた訓練として思い出すことが1つあって。学校から大量のプリントをもらって帰ってくると、用意した2つのファイルボックスに、「これはいる」「これはいらない」ってパッパッと仕分け作業してから、いるものだけ残してた。この仕分け能力は今も役立ってる。

真理 それと、私自身がTO DOリストを作っていたのを真似して、私が毎日TO DOリストを書いているのを見て、すみれも小学校の頃から真似するようになったものね。あれも仕分け作業だった。

すみれ　「明日学校にぞうきんを持って行く」とか小さなことまで、翌日にこなすべきタスクをリストアップしておいて。終えたら線を引いて消して捨てるのが、達成感を得られて嬉しかった。ものすごく課題が多かった大学時代も、今仕事をするうえでも、その習慣はとても役立ってる。

相手の時間を無駄にしないハーバード生

真理　SIJの講師をしてくれるハーバード生たちも、本当に時間の無駄がない。

すみれ　そう、私がハーバードで出会った人たちも、問題処理能力がめちゃくちゃ高かった。チームで課外活動をすることが多かったのだけれど、**そういう人たちが集まると、1人が一言《いち》ったら十分《じゅう》かるから、何も説明せずにミーティングが終わる**（笑）。みんなが80%理解しておいてミーティングに行くから、それを100%にするのに時間がかからない。**お互いの時間をリスペクトし合っていて、お互いの時間を無駄にしちゃいけない、というのがマナー**だった。それに、アメリカでプロとして活動をするようになって、「この人、バイオリンは弾けるし性格もいいけど、メールの返事が全然来ない」とかはダメだなって気づいたんだよね。やっぱり必要最低限のことはできないと、使えない人だと思われてしまう。なので、たとえばドリルも「やるべきことをダラダラやらない」という、効率よく物事を片づける練習だと思ってやっておくといいと思うな。

真理　成功する人って、たいていせっかちよね（笑）。でも、ハーバード生に聞いてびっくりしたのが、みんな「せっかちにするのは、のびのびするため」って。**のびのびする時間を作るからこそ、自分の得意を伸ばして社会に貢献できるようになる**のね。

親の古い価値観で縛らない

すみれ　コロナ禍を経て、演奏も含めてアートの形がすごく変わってきたじゃない？　これまではたとえば「まずは服装を整えてサントリーホールに行って」というふうに、音楽を聴くことが儀式みたいでハードルが高かったのが、今はポチッとすればベッドの上でも聴けるわけで。そうすると、お客さんに向けてしゃべれる音楽家としゃべれない音楽家で差がつく。これまでは音楽の技術さえ上手ならよかったのが、これからはプレゼンができることも大事になってくる。

真理　それは、音楽家に限らず、エンジニアでも教育者でもどんな職業でも同じよね。

すみれ　そう、**自分のことを発信できないと、誰もサポートしてくれない時代になる。**今は、それをやらざるをえない環境にいるのがラッキーなことだと思うし、新しい発信の仕方をどんどん開拓したいと思ってる。自分が何かを発信しないと存在しないのと同じ、というのは、ハーバードもそうだったし、アメリカ自体がそういうカルチャーだったので学んだのだけれど、でもそれは今後、どこでもそうなっていくと思う。相手の言うことを「うんうん」って聞いているだけ、っていうのは礼儀正しいようでいて、実は相手の時間をリスペクトしていない、自分が何かを提供しないと失礼、っていうのはアメリカで学んだことかな。

真理　どんな家庭教育をしたとしても結局、新しい環境に身を置くことが一番の学び。親はやっぱり前の時代の人間で、頭が古いから（笑）。若い人たちは未来に生きていくわけで、親の価値観に沿って生きてたらダメよね。

すみれ　たしかに**これだけ時代が変革期にあると、これまでの大人の価値観のままに生きていくわけにいかない**と思う。

真理　親は子どもに「教える」というより、子どもが自分で自分を「最適化できる」環境に身を置かせるような努力をするのがいいと思う。自分が教えるのではなく、他の人を通じて学んでもらう。自分よりすごいことを絶対発見するから。私たち大人も「すごいな！」って若い世代から学んで成長しなきゃ。親が愛情さえ与えていれば、子どもは勝手に人脈作りをしたりして育っていくから。親が「就活どうする」とか「結婚どうする」なんて自分の価値観であれこれ言う必要はないよね。

すみれ　今、ＬＧＢＴＱなど多様性の問題が日本でもやっと注目されるようになってきたけれど、若い人でも親の価値観のままに生きていると、「女子はおとなしく」とか、「国籍が違ったら異世界の人」みたいな古い発想になんの疑問も抱いてなかったりして、びっくりすることがある。一方で日本でも、自分で道を切り拓くような柔軟な発想の人も増えていることを感じて嬉しい。

真理　自分と違う考えの人に会う、日本語以外の言語を使う、という経験はすごく大事。今、私が子どもたちに英語を教えているのも、子どもたちには英語をツールにして、多くの情報を手に入れて、新しい環境に飛び込んでほしいからに尽きます。

すみれ　そう、これからはオンラインで、どこにいても世界中の人たちと仕事ができる時代ですから。

重視されるのは学歴ではなく人間性

すみれ　海外に出ていろいろな人と出会って思うのは、学力を上げることも大事だけど、それ以上に大事なのは、人間性を磨くことだということ。たとえば「音楽のCDを作りましょう」となったとき、ニューヨークともなると口コミで才能のある人をすぐ集められる。競争が激しい世界だから、当然のようにバイオリンにしてもピアノにしても実力者がたくさん集まる。でも、結局どんな人が選ばれるかというと、すごく情熱がある人、そしてみんなと楽しみながら演奏できる性格のいい人なんですよ。

真理　実力的には大差ないとなると、次にチェックされるのは中身ということね。

すみれ　そうそう。**選ばれるのは、チームワーカーでありパッションがある人**。これは音楽に限らず、他の仕事でもそうなんじゃないかな？　一緒に働いて楽しい人を社会は求めてると思う。

真理　大事なのは「学校に通っている間にいかに内面を育てておくか」ってことね。

すみれ　大人になってから、「親に勉強、勉強って言われていたから勉強しかしてこなかった。だからこんな社会性のない人間になっちゃったんだよ」なんて親のせいにはしたくない。もちろん基礎的な学力は必要だけど、学生時代にちゃんと友達と交流して、部活でも趣味を極めるでもなんでもいいから、何かに夢中になって成功体験を持っておくということは、社会に出て大きく生きてくると思う。

真理　「○○コンクールで1位になった」「○○でみんなから喝采を浴びた」「大好きな○○を続けていたら代表に選ばれた」みたいな。そういう経験があると自信がつく。それはテストの成績だけでは得られないこと。

すみれ　私は高校の時点ではもうバイオリンに夢中になりすぎて、もう大学に進む、というイメージがなかったくらい（笑）。ただ、高校1年生のときにバイオリンの国際コンクールで優勝し、翌年、副賞でいただいた全米演奏ツアーに参加した際に、ハーバードの在校生によるキャンパスツアーに参加してみたら、ハーバード生のみなさんが、学問だけでなく課外活動に真剣に取り組んでいる姿にすっかり魅了されてしまって。学業とバイオリンを両立する、という夢を叶えられるのはここだ！　と思ったなあ。

真理　ハーバード生に限らず、今、世界でリーダーシップを取っている若者に「勉強だけやってきました」って人はいないんじゃない？

すみれ　今、活躍している方々を見ていても、学歴云々じゃなく、場を盛り上げるのがめちゃくちゃ上手いとか、企画力や発想が素晴らしい人が注目されてるよね。これからはますます、創造力や人間性が重視される時代になっていく気がする。

真理　間違いなくそうなると思う。人を惹きつけられる魅力や能力がある、って、実はすごく大事。学校では教えてくれないけれど。よく大人は「勉強ができないと子どもが将来苦労するからかわいそう」と言うけど、そんなことを言っている大人のほうがかわいそうだと私は思う。「いったいいつの時代の話？」って。もう社会は信用経済の時代になっているんだから、重要なのはどれだけ人から信頼されているか。宿題のドリルができないと一生うだつが上がらないとか、絶対ないから！

大切なのはオープンマインドであること

真理　私は、「古い常識や考え方にとらわれて、今にも沈みそうな船に子どもを乗せてどうするの？」と本気で思ってる。今、子育て中の人から話をうかがうと「他人軸で生きているなあ」と思うことが多い。人の目を気にして「これくらいの学校に行っておかないと……」とキョロキョロしてる。「せめてオレのレベルには来いよ、うちの息子！」みたいな。みなさん、自分が通ってきたのと同じ道筋を子どもに歩ませておかないと不安なんでしょうね。今の時代の価値観は、自分たちが成功してきた時代の価値観とはまったく変わってしまっているのに。

すみれ　私自身、大学で18歳から22歳までの学生たちに教えていて、「私の常識ってもう古いな」と思わされることがたびたびある。そもそも高校まで大分にいて、「社会ってこういうものだ」と思っていたのが、ハーバード大学に入ってからひっくり返って。1人1人の常識が違いすぎる、という経験を毎日して、価値観や常識は1つじゃないどころか、無限にあることを初めて知ったんだよね。何を選んでもOKで、何をやってもほめられる。「うわー、それできるの？　超すごいね！」みたいに。何してもOKな環境って自由だなと感じたし、視野も広がった。

真理　昨日の常識だったことが、今日変わっていてもおかしくない、というのは、みなさんコロナ禍において気づいたのでは？

すみれ　そうそう。新しい常識や価値観を受け入れて吸収できるように、私自身、常にオープンマインドでいたいと思ってる。違う価値観も頭から否定せずにまず受け入れてみる。**人に対してオープンマインドでいる。そういうことは、自分をアップデートさせていくためにすごく重要なこと**だと思います。

真理　そうね、世界で活躍している人の共通点はオープンマインドであることだと思う。すみれは今や世界中に友達がいるものね。

すみれ　おかげで世界のあちこちで今何が流行っているかもなんとなく分かる。さっきの沈む船の話じゃないけど、たとえ乗っている船が沈みそうになっても、コミュニティがたくさんあると「あっちにはつかまるポールがあるし、こっちにはイカダがある！」という心の余裕ができるんだよね。逆に、ポールが1本しか見えていないと、「これにつかまらなかったら人生終わり」という気持ちになってしまうと思う。やはり外に出て、「自分の常識が当たり前」ではない世界の中で、一歩引いて自分を見つめることは必要だなと思います。

CHAPTER

3

1日5分！ ひろつる式・英語学習メソッド

知っておきたい！「英語」には2種類ある

小さいお子さんを持つ方はみなさん「英語が話せる子になってほしい」とおっしゃいます。けれど「英語がペラペラ」はそんなに嬉しいことでしょうか？　アメリカやイギリスに行けば、子どもでも英語はペラペラですよね。

しかも、みなさんよく「英語を話せない」とおっしゃいますが、それは気のせいです。それは単純に、話す機会がないだけ。機会さえあれば、誰でも話せるのです。

ただ、中高の6年間で英語の読み書きを学んでいるにもかかわらず、多くの日本人は英語につまずき、苦手意識を持っています。その理由は、なんと言っても知っている単語が少なすぎるから。知っている単語の数が増えれば、長い文章を読めるようになるし、自己紹介だって〝Nice to meet you.〟で終わらずに、100通りはできるようになります。

ここで知っておきたいのは「しゃべり言葉」と「書き言葉」の違いです。

「しゃべり言葉」というのは、人と仲良くコミュニケーションするために使う言葉です。

家庭や学校、職場でのやり取り、買い物、遊びといった日常のシーン全般で使われて、社交性や本人のキャラが反映される言葉です。

一方で「書き言葉」は刻一刻と変わる社会の状況が反映される言葉です。新聞を読んだり、大学受験で長文読解をしたり、相手を説得するプレゼン資料を作ったり、スピーチ原稿を書いたりするときに必要な言葉です。

日本語でも、友人とのおしゃべりと新聞記事では、使われる言葉は違いますよね。**英語となった途端「ペラペラに話せる」ことイコール「スピーチ原稿や新聞記事を書ける」ことかというと、それはまったく違う**わけです。何が違うかというと、一番違うのは、そこで使われる単語なのです。

グローバル社会でももちろん、その人のキャラや人格が反映される「しゃべり言葉」は必要です。ただ、もう1つ絶対に必要なのが、会話レベルではない「書き言葉」、つまり高度な内容を端的に表現できるロジカルな英語なのです。

英語は単語が9割

もう1つ、親御さんたちからよく受けるのは「やはりプリスクールやインターナショナル幼稚園に入れたほうがいいでしょうか？」という質問です。この質問には、ＹＥＳと答える場合とＮＯと答える場合があります。

ＹＥＳと回答するのは、親御さんの海外赴任や、お子さんの国内外のインターナショナルスクール進学が目前に決まっている場合です。それ以外、つまり日本に住み、日本語を話す親の元で、日本の教育を受けていく、というご家庭の場合には、ＮＯと答えます。なぜなら、ルール12でもお話ししましたが砂場で遊ぶときに使う表現は、18歳の大学入試やその後の人生では使わないからです。すなわち時間とお金の無駄になるからです。

日本の教育システムの中で、英語を効率よく身につける唯一の方法。それは、読書で母語をきちんと身につけて思考力を養いながら、まずは英単語を数多く暗記して使うことです。「英語は単語が9割」なのです。ネイティブと話す機会が少ない日本で、「ペラペラに話せる」ことを目指していては、「話せた！」「伝わった！」という達成感を得づらく、モチベーションの維持が難しいもの。「書けて読める」ことを目標にしたほうが、学習は持続します。

もちろん最終的なゴールは、大量の単語をストックすることではなく、多くの単語で構成された長い文章を読み書き、話せるようになることです。けれど**インプットされた英単語があまりにも少なすぎれば、アウトプットのしようがありません。**

私自身、ハーバード生との会話の中で、言いたいことをピタリと表す単語が出てこなくて、悔しい思いをしたことが幾度となくあります。それと同時に、彼らが使っている言葉が、それまで日本の学校で学んできた英語とは違っていることに刺激を受けています。彼らは、知性と教養に裏打ちされた豊富な語彙力を駆使して、お互いに交流しているからです。

ハーバード生の履歴書に登場する単語

グローバル社会では、使う単語で所属グループ・教養が決まります。「アメリカ人は頭が悪い」という言葉を聞くことがありますが、人は類似性の高いグループと接する機会が多いので、このようなことを言う人は、自分の単語力に合ったアメリカ人にしか会っていないだけなのだと思われます。「教養ある英語」が読める、書ける、話せるグローバル人材であるためには、大量の英単語を知っていることが前提となります。

たとえば、ハーバード大学が学生向けに発行している就職活動用の「履歴書の書き方」的なマニュアルがあります。そこには、履歴書で使うべき単語がリストアップされているのです。例を挙げると、COMMUNICATIONの項目には、「arbitrated 仲裁した」「synthesized 統合した」「verbalized 言語化した」「reconciled 和解した」「liaised 連絡した」といった単語がずらりと並びます。彼らは、これらの単語を必要な文脈で的確に使ってコミュニケーションすることを当然のようにしています。

重要なのは、この単語リストが、彼らが属する社会では「仲裁した」「統合した」というような活動をすること自体に価値があると示していること。そして、世界のトップ企業が求めるのは、まさにそういったことをできる人材なのです。

「大切」を〝important〟以外の単語で表現できる？

たとえば、日本の中学校では「大切な」をimportantと習います。けれど本来は、中学卒業時点で、「大切な」を別の表現――「crucial」「significant」「essential」などと、言えて、書けていたいのです。

これは何もハーバードに入るための話ではありません。ヒトとモノとお金が国という枠組みを超えて自由に行き交い、数々の職業がＡＩに取って代わられていく社会で、これからの子どもたちが価値のある創造をし、生き抜いていくために必須の条件なのです。

そのために必要な英単語は、どれくらいでしょうか？

答えは、８０００～１万語。ただ現在、日本の学習指導要領で、高校卒業レベルまでに覚えるべきとされている英単語は、４０００～５０００語です。これではまだ英検２級レベル。英検２級というのは、ネイティブでの小４レベルです。

一方、英語のネイティブスピーカーの成人が習得しているとされる英単語数は２～３万語です。このはるかに不足している単語数は、家庭学習など自力でカバーするしかありません。

「そんな大量の暗記なんて子どもにできるはずがない」と思うかもしれません。けれど、**「子どもにできるはずがない」というのは大人の勝手な思い込み**。子どもには、大人とは違うとてつもない吸収力があります。まずはそれを信じてみましょう。

「プラス1」の負荷で〝暗記脳〟を育てる

筋トレには「過負荷の法則」という原理があります。いつもと同じレベルの負荷しかかけていないと、筋肉は増強しないので、いつまでたってもトレーニング効果は出ません。そこで、少しずつ負荷を上げていくようにします。左の図を見てください。

これは人間の3つのゾーンを表しています。いつまでもきつくない程度のことを続けてもコンフォートゾーンから抜け出せず、成長はありません。プラス1の負荷をかけると、ラーニングゾーンに出て大きく成長できます。ただし負荷をかけすぎるとパニックゾーンに陥り、伸びにくくなってしまいます。

英語学習も同様です。**やさしい内容にのんびり取り組んでいても、永遠に子どもの暗記力も英語力もアップしません。**少しずつ負荷をかけることで〝暗記脳〟を鍛えて、英語力をアップさせることができるのです。

ハーバード生がよく使う表現だと、ルール11でもお話しした〝Grow out of your comfort zone.（居心地のよい場所を抜け出せ）〟です。できること、知っていることの上にあぐらをかいていると、たしかに心地よいのですがいつまでたっても進歩がありません。

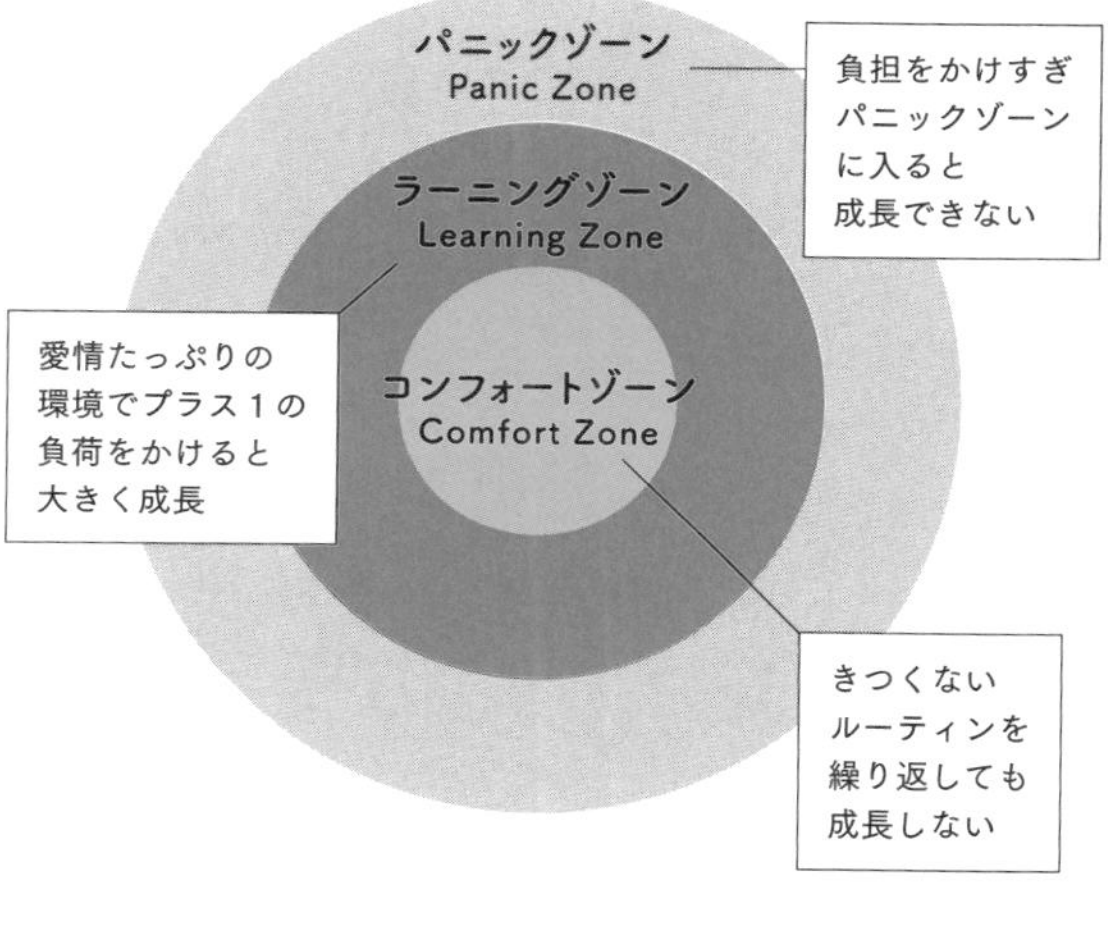
パニックゾーン
Panic Zone
負担をかけすぎ
パニックゾーン
に入ると
成長できない
ラーニングゾーン
Learning Zone
愛情たっぷりの
環境でプラス１の
負荷をかけると
大きく成長
コンフォートゾーン
Comfort Zone
きつくない
ルーティンを
繰り返しても
成長しない

笑顔で見守り、100％ほめて可能性を引き出す

とはいえ、英語経験ゼロの5歳児にいきなり「TOEFL単語の暗記をして」と命じて

もパニックゾーンに陥ってしまいます。そこで私がおすすめするのが、ルール14でお話しした親御さんの100%の「アンコンディショナル・ラブ（どんなときも何があってもあなたの味方です）」と「フル・アテンション（いつもあなたを見守っています）」に包まれて、見守られながらプラス1の負荷をかけて成長することです。

お子さんがうまくできなくてもダメ出しせずに、できたところを100%ほめる。「わかった？」「覚えた？」といちいち試したりせずにニコニコ笑顔で見守る。これが大切なのですが、ご自身が優等生だった高学歴な親御さんに限って、これがとても難しいようです。プラス1どころか、プラス2や3や10を求めてしまっては、パニックゾーンに入ってしまいます。

ひろつる式の英語レッスンでは、この安心できる環境作りをしたうえで、英語経験まったくゼロのお子さんにも、いきなりプラス1の負荷をかけ、週1回75分のクラス＋家庭学習で、1週間100個のペースで英単語を覚えてもらいます。そうすることで、幼稚園児が英検3級（中学卒業レベル）や準2級（高校中級レベル）に合格したり、小学生が準1級（大学中級レベル）に合格したり、といった例が続出しているのです。コンフォートゾーンを飛び出したときの子どもの可能性にはいつも驚かされます。

家庭でできるひろつる式・英単語暗記学習

ではここから、具体的にどんなふうに学習すればよいのか、ひろつる式単語暗記メソッドをご説明します。これは、娘のすみれが小さいときに実践していた方法と同じです。

ひろつるメソッドでは、書き取りではなく、音声を使ったなぞり読み（オーバーラッピング）から単語暗記をスタートします。

書き取りをしないのは、**筆圧が低い小さな子どもは、書き取りを繰り返すだけで疲れて、学習自体がイヤになってしまう**から。単語は、読めて意味が分かればＯＫです。英単語は、アルファベットたったの26文字の組み合わせなので、心配しなくても大きくなるにつれてそのうち読めて書けるようになります。

音声を使ったなぞり読みには、2つの大きな効果があります。

1　暗記しやすさがアップ

自分が今どの文字を読んでいるか1文字1文字しっかり意識しながらなぞり読みすることで、1回の音読で「目で見る」「耳で聞く」「自分で声に出す」「それを自分で聞く」と4回英語が入ってくることになります。こうすることで〝暗記脳〟が刺激されて、暗記しやすくなります。

2　発音の規則性が身につく

音と文字を一致させる繰り返しにより、自然に英語の発音の規則性を身につけられます。やがて音声なしでも、1人で英語を読めるようになります。

音声が収録された単語帳があれば、どんなご家庭でも今すぐ取り組むことができます。ここでは、ひろつる式の英語レッスンで使用している単語帳を使ってご紹介します。

娘が小さい頃は、これ！　という教材がなかったので、手作りしたり、中高生用の教材を使ったりしていました。その後、ひろつるメソッドで英語指導するようになってから、幼児から小学生の子どもでも楽しく効率よく単語暗記ができる教材がほしい、と試行錯誤して、ようやくできあがったのがこの単語集です。

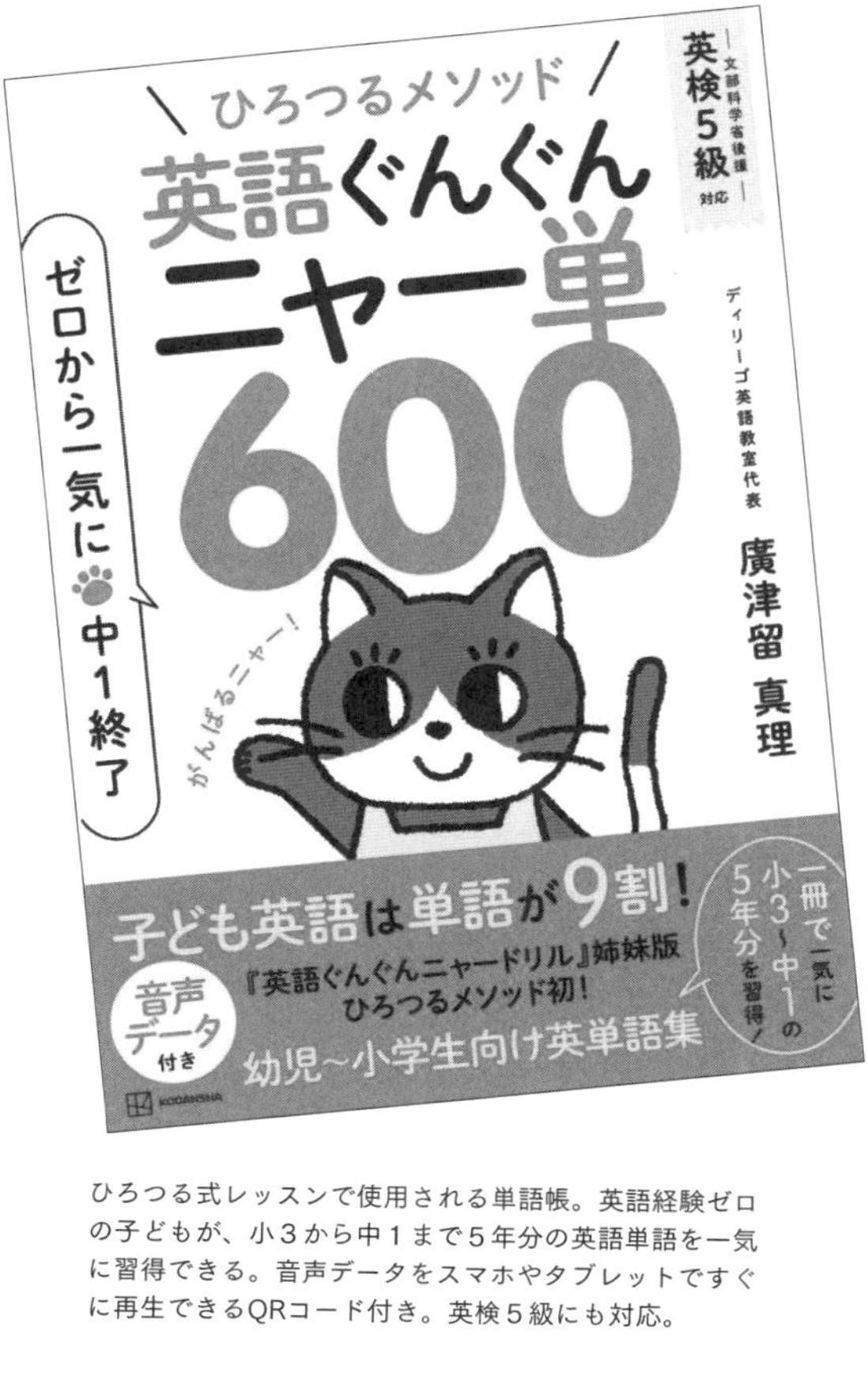

ひろつる式レッスンで使用される単語帳。英語経験ゼロの子どもが、小3から中1まで5年分の英語単語を一気に習得できる。音声データをスマホやタブレットですぐに再生できるQRコード付き。英検5級にも対応。

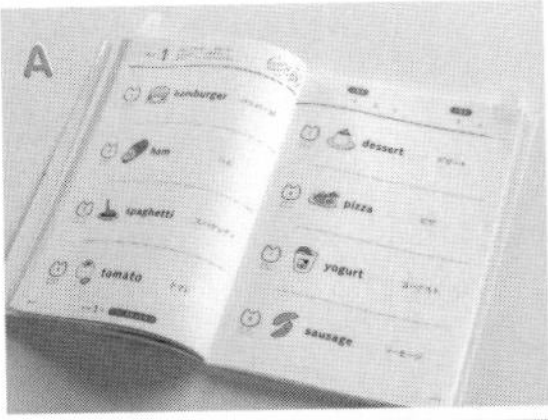
A
hamburger
ham
spaghetti
tomato
dessert
pizza
yogurt
sausage

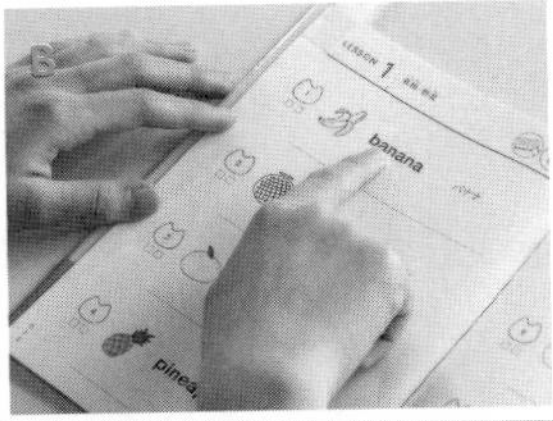
B
LESSON 1
banana

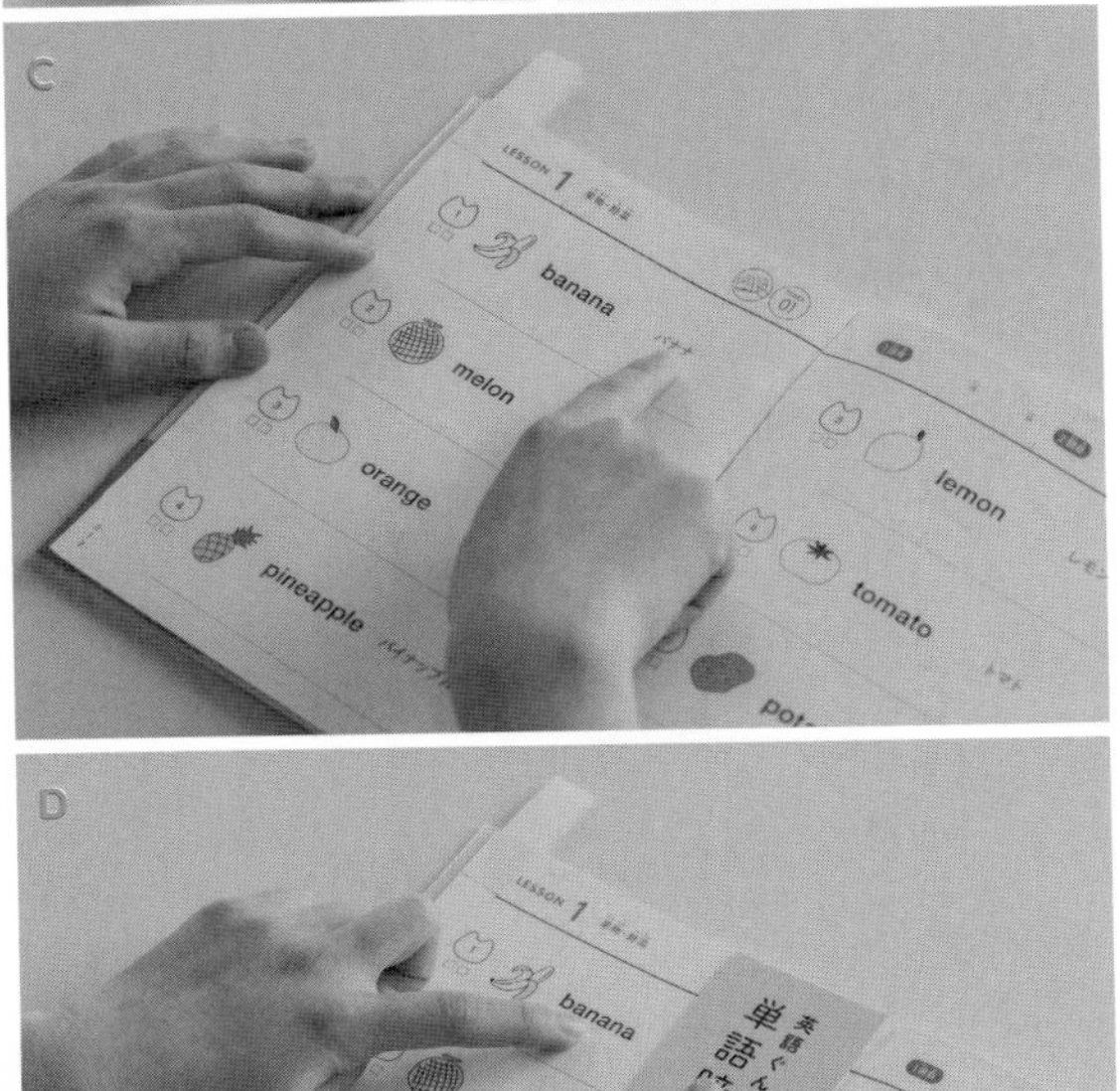
C
LESSON 1
banana
melon
orange
pineapple
lemon
tomato

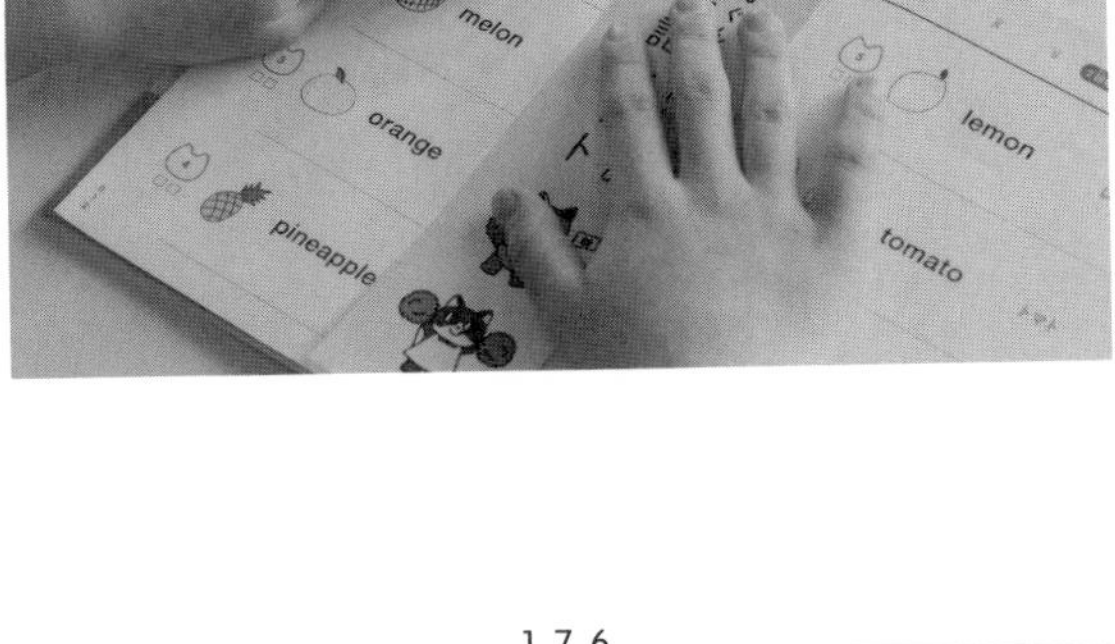
D
LESSON 1
banana
melon
orange
pineapple
lemon
tomato

1日5分！英単語暗記法

1 音声データを用意

収録された音声データをスマートフォンやタブレットに準備します。

2 その日覚える範囲をはっきりさせる

単語帳を開いたら、その日に覚える最初のページと最後のページに付箋を貼り、どこからどこまでを覚えるのか、はっきりさせます。暗記するのはどんなに多くても最初は１日10個、慣れてきても20個がリミット。たとえばひと見開きでもOK！（A）

3 音声を聞きながらなぞり読み（オーバーラッピング）

音声を再生。音声を聞いたら、単語帳の単語部分に指を添えて、なぞりながら音読します。このなぞり読みをオーバーラッピングと呼びます。カラオケの字幕に合わせて歌うのと同じです。（B）

4 日本語もなぞり読み

次にすぐ、なぞり読みした英単語に対応する日本語をなぞり読みします。これをその日の範囲の最後の単語まで、英語→日本語と繰り返します。（C）

5 日本語を隠して確認

その日の範囲の最後の単語までなぞり読みしたら、同じ範囲の音声をもう一度再生。今度は日本語部分を隠して、英語→日本語の順に声を出します。「日本語見ないで言えるかな？」のクイズです。（D）

6 付箋をはがして終了！

その日の範囲が終わったら、付箋を子ども自身がはがします。ペリッとはがすことで「できた！」という達成感がインプットされて、継続のモチベーションにつながります。

＊オーバーラッピングの行い方は左の二次元コードを読み取ると確認できます。

小さい子どもが単語暗記をスタートするなら

年少さんくらいまでのもっと小さい子に単語の暗記を始めさせたい、というときは、イラスト付きのカードを使うことをおすすめしています。私は娘が1歳のときは表にイラスト、裏に単語を書いたカードを手作りして、一緒に学習していました。カードはもちろん市販のものを購入して使ってもよいと思います。

【単語カードでの学習法】

1 表の絵（ネコ）を見せる。

2 くるりと裏返して裏の英語（ｃａｔ）を見せる。

3 ｃａｔと発音する。

これをいくつかのカードでスピーディに繰り返します。**コツは「さあ、お勉強するわよ」と言わず、ゲーム感覚で親御さんが楽しそうに始めること。**すると自然と子どもも一緒に「cat」と繰り返すはずです。書き取りはナシ。**「これはネコよ」と説明や和訳もしません。**こうすることで、小さな子どもも直感的に「あ、catはあのニャーと鳴くネコなんだな」と暗記できます。

英単語暗記学習スタートにあたって、まずぜひとも守っていただきたいのは次の2点です。

1 間違いは正さずにスルーする。

2 子どもを試さない。

ついつい「これはcatじゃなくdogよ」など間違いを正したり、「〇〇ちゃん、

表の絵を見せ、次に裏の英語「cat」を見せて、親が「cat」と発音する。
手作りしても、市販のカードを使用してもOK。

これは何?」と試したりしたくなりますが、そうすると子どもはたちまちイヤになってしまいます。負荷をかけるといっても、楽しくなければ続きません。あくまでもゲームのように楽しく明るい雰囲気で始めて、子どもが飽きる1分前にサッとやめます。

多少の間違いがあったり、覚えていない単語があったりしても、構わないで続けていけば、心配しなくても子どもはそのうち覚えるようになります。

英語センテンスの丸暗記で文法も自然に身につく

第2章でもお話ししましたが、娘が小さい頃、英単語暗記と同時に行っていたのは、英語をセンテンスごと覚えて使うことでした。センテンスの暗記をする理由は2つです。

1 英会話の引き出しを作るため

どんな表現も、最初は真似から始まります。頭の中に英会話のストックをたくさん作っておけば、いつでも引き出せるようになります。

2 文法なしに英語を身につけるため

赤ちゃんは、文法の説明をされなくてもその国の言語を話せるようになっていきます。娘との小さい頃の家庭学習でも、「3人称単数」「ｂｅ動詞」「過去形」といった文法用語は一切使いませんでした。なぜなら小さい子どもにとって、高校入試レベル（＝英検3級）の英語までは、英語そのものより文法用語を用いた説明のほうが難しく、イヤになってしまいます。センテンスを丸ごと覚えることで、説明がなくても文法は自然と身につきます。

要領は単語のときとほぼ一緒ですが、オーバーラッピングの前に、まずは文字を見ないで音真似してみます。これは、シャドーイングという方法で、集中して聞く必要があるので、それだけ英語の上達が早まります。これも1日5分あればできます。

どのように行うかを次のページよりご紹介します。使用する教材は、やはり単語暗記学習のときと同じ『英語ぐんぐん　ニャー単600』です。こちらに会話表現ページがあるので、そのセンテンスを暗記してしまいましょう。

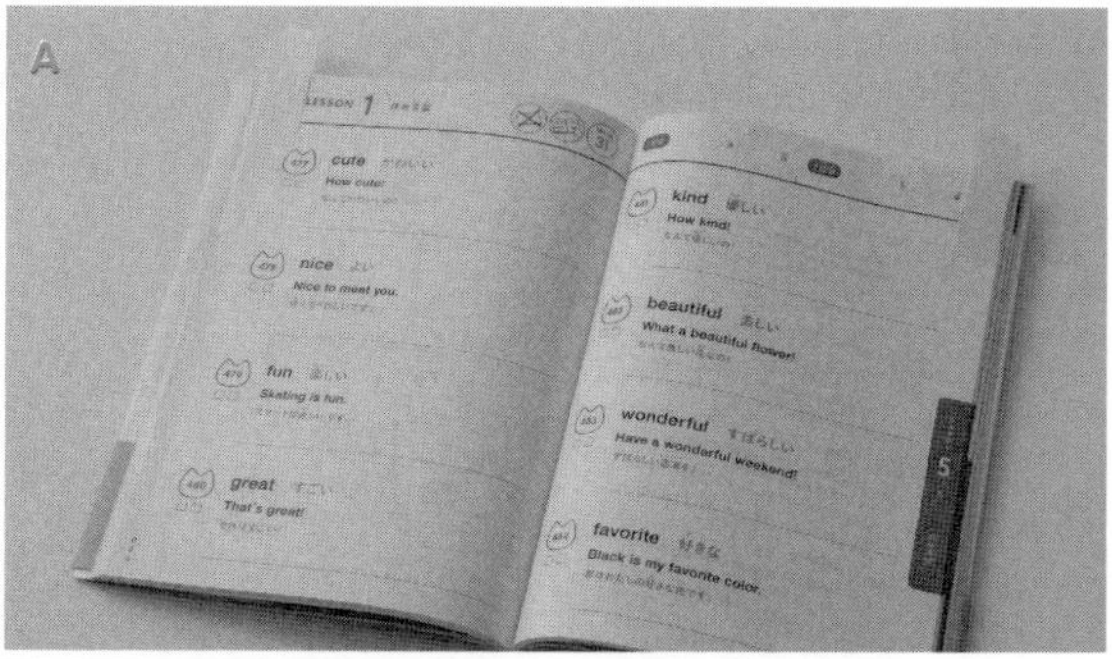
A
LESSON 1
cute
How cute!
nice
Nice to meet you.
fun
Skating is fun.
great
That's great!
kind
How kind!
beautiful
What a beautiful flower!
wonderful
Have a wonderful weekend!
favorite
Black is my favorite color.

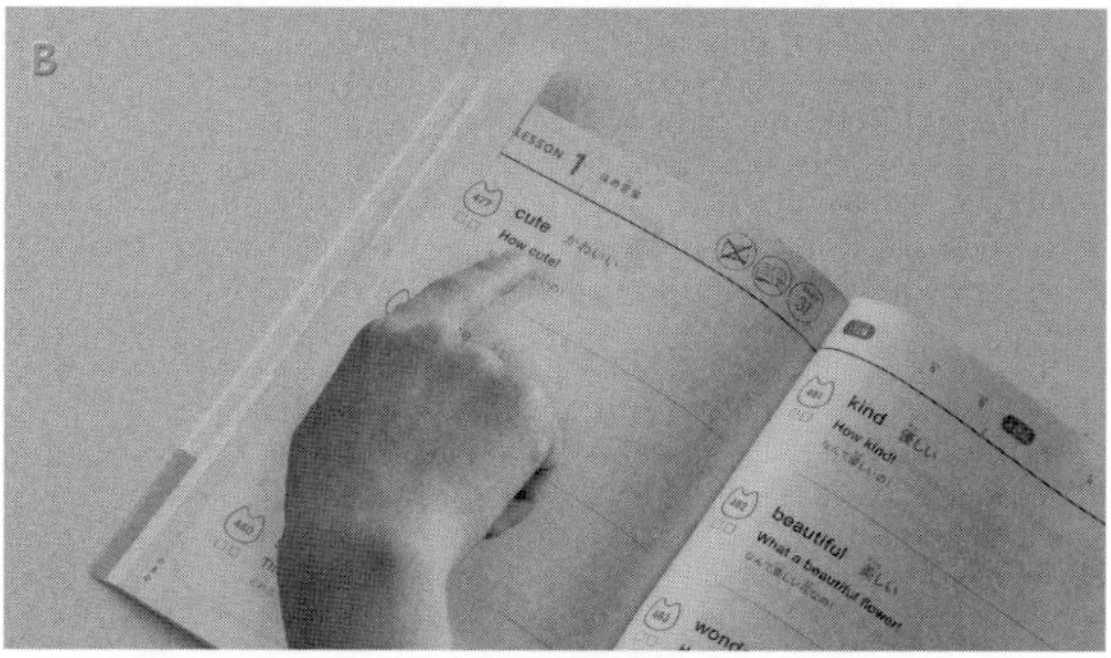
B
LESSON 1
cute
How cute!
kind
How kind!
beautiful
What a beautiful flower!

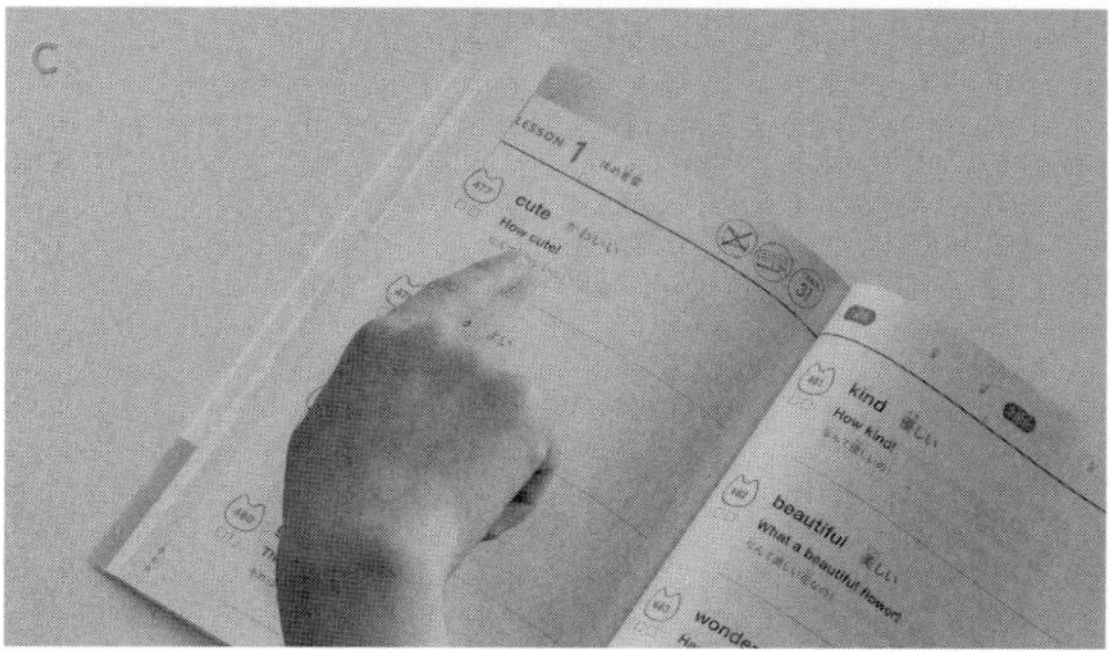
C
LESSON 1
cute
How cute!
kind
How kind!
beautiful
What a beautiful flower!

1日5分！英語センテンス暗記法

1 音声データを用意

収録された音声データをスマートフォンやタブレットに準備します。

2 その日覚える範囲をはっきりさせる

ページを開いたら、その日に覚える最初のページと最後のページに付箋を貼ります。単語のときと同様です。(A)

3 音声を聞きながら声に出す（シャドーイング）

音声を聞きながら文字を見ないで、聞こえてくる音声をすぐ真似して声に出します。これをシャドーイングと呼びます。「♪カエルの歌がきこえてくるよ」の歌を輪唱するイメージです。

4 音声を聞きながらなぞり読み（オーバーラッピング）

音声を再生。音声を聞いたら、センテンス部分に指を添えて、なぞりながら音読します。単語のときと同様です。(B)

5 日本語もなぞり読み

次にすぐ、なぞり読みしたセンテンスに対応する日本語をなぞり読みします。これをその日の範囲の最後のセンテンスまで英語→日本語と繰り返します。単語のときと同様です。(C)

6 付箋をはがして終了！

その日の範囲が終わったら、付箋をお子さん自身がはがします。

＊シャドーイングの行い方は左の二次元コードを読み取ると確認できます。

＊オーバーラッピングの行い方は左の二次元コードを読み取ると確認できます。

ひろつるメソッドのルール

単語暗記でも、センテンス暗記でも、学習するときにぜひとも大人に（子どもではなく）守っていただきたいのは次の7点です。

1　1日5分

時間をかけなくても大丈夫。大事なのは子どもが英語を好きになるのを邪魔しないこと。そこで、学習は子どもが飽きる1分前にやめます。

2　大人が子どもの隣にいる

ある程度の年齢までは、子ども1人で学習させるのではなく、できれば一緒に。どんなに忙しいという大人でも、1日5分の時間は作れます。学習方法さえマスターすれば、そのうち1人で学習できるようになります。

3 説明しない

大人が隣に一緒にいると、学習中、ついつい意味や文法を説明したくなるもの。けれど「appleは複数になるとapplesになるのよ」「be動詞は主語がIだとamで、heだとisよ」などと説明されると、子どもの集中力ややる気が削がれてしまいます。なので大人は教えません。

4 発音は気にしない

ひろつるメソッドは音読を重視していますが、最初から上手に発音できなくても大丈夫。「ネイティブみたいな発音ができないから」と思いがちですが、大人も気にせず一緒に音読します。

5 ABCの書き取りは不要

漢字はそれぞれ書き取りをして覚えますが、英語はアルファベットたった26文字の組み合わせ。ABCの文字自体に意味はないので、書き取り練習は時間の無駄です。単語やセンテンスなど、意味のあるかたまりで暗記します。

6 子どもを試さない

「○○ちゃん、これは何?」と試したりすると、雰囲気がテストのようになって子どもがリラックスできません。また、学習が終わると「覚えた?」「意味を教えて」と子どもを試したくなりますが、しません。減点方式で評価されると、子どもは自信とやる気を失ってしまいます。

7 100%ほめる

子どもが取り組んだことに対しては、常に全肯定しましょう。大人基準で「間違いがあった」と思ってもダメ出しはNG。間違いは正さずにスルーします。多少の間違いがあったり、覚えていない単語があったりしても、構わないで続けていけば、心配しなくても子どもはそのうち覚えるようになります。できなかったところを指摘する減点方式ではなく、できたところを見つけて「すごいね!」「こんなにできたね!」「頑張ったね!」と加点方式でほめ言葉をかけてあげます。

EPILOGUE

家庭を子どもの「安全基地」に

子どもが学ぶことを好きになって、自ら進んで学習を継続してくれるようになったら嬉しいですよね。そのために、どんな学校や塾や教材よりも大切なのは、子どもにとって安全地帯だと思える環境作りです。子どもがリラックスして表情豊かになれる環境でこそ、子どもはのびのびと可能性を羽ばたかせられるのです。

安全地帯であるべき家庭で、大人に「どうしてできないの」「やる気を出しなさい」と問い詰められては萎縮してしまって、子どもはせっかくのやる気も才能も発揮できません。

そんな口癖にさよなら！　本書で繰り返しお話ししてきたことですが、子どもが自ら伸びていく「安全基地」を作るための5ヵ条をここであらためてお伝えしたいと思います。

【家庭を子どもの安全基地にする5ヵ条】

1　アンコンディショナル・ラブ（無条件の愛）

「○○ができたからお利口ね」「100点取れたからえらいね」とほめる条件付きの愛情ではありません。「どんなときも何があってもあなたの味方です」という100％の愛情で包みます。

2　フル・アテンション

「いつもあなたを見守っていますよ」という安心感を与え続けます。

3 子どもは未来からの使者

「若者は大人よりも賢く、大人が去ったあとの未来も生きるのだ」と思えば、上から目線で指示はできなくなります。

4 ユーモアと笑い

失敗したって笑い飛ばせる。なんでも発言できる。そんな環境でこそ、子どもはのびのびと新しいことにチャレンジし、自らの可能性を伸ばしていくのです。

5 Show, don't tell.

口で言わずに、大人自身の行動で示します。大人自身が様々なことに興味を持ち、自分をアップデートさせることを楽しみましょう。あとは子どもの横で、ニコニコ笑顔で見守っているのが一番！

講談社 廣津留真理の本

ひろつるメソッド
英語ぐんぐんニャー単600

英語は単語が9割！ 幼児から小学生が英語学習するときに最初に手に取りたい単語集。『最短最速! 英語ぐんぐんニャードリル ゼロから一気に中2終了』の姉妹版として英単語にフォーカスし、英単語が「読める」「言える」「聞ける」「会話で使える」に特化。筆圧が弱くてまだ書き取りができない幼児や小学校低学年でもラクラク覚えられて、小3〜中1の5年分の英単語を一気に終了！ 可愛いネコのキャラクター「ニャーた」「ニャーみ」と一緒に楽しく学習できます。スタンプシート付きでモチベーションもアップ！ 英単語600＋日常会話152フレーズ収録。英単語・英文にQRコードからアクセスできる音声付き。文部科学省後援英検5級対応。

音声タッチペンつき ひろつるメソッド
小学生の英語ニャードリル

廣津留真理の一人娘・すみれさんが、家庭で英語力を身につけたのと同じメソッドで英語学習をできると大好評の『英語ぐんぐんニャードリル』が、単語数も英文数もボリュームアップ。タッチペンつきで、英単語、英文にタッチするだけで英語音声を再生できるように！ 音読学習がスイスイ進み、英語ゼロから一気に中2終了レベルまで学べる。文部科学省後援英検5級・4級対応。

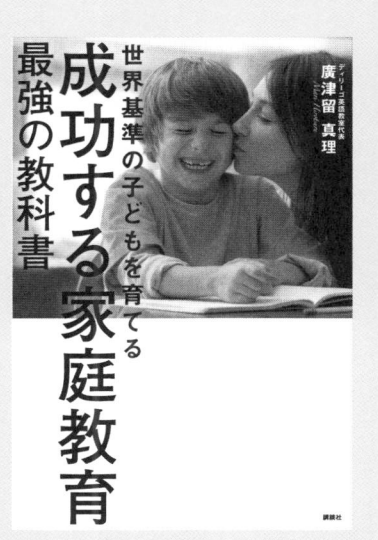

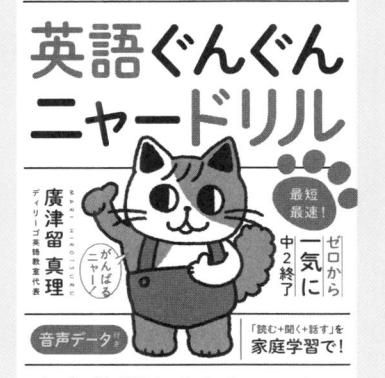

廣津留 真理 Mari Hirotsuru

ディリーゴ英語教室代表/一般社団法人Summer in JAPAN（SIJ）代表理事/株式会社ディリーゴ代表取締役。早稲田大学卒業。一人娘のすみれさんは、大分の公立高校から塾なし留学経験なしでハーバード大学に現役合格&首席卒業。娘への家庭内での学習指導経験を踏まえて編み出した独自の「ひろつるメソッド」を確立。英語教室やセミナーにて、これまで1万人以上を指導。現役ハーバード生が講師陣のサマースクールSummer in JAPANは、2014年、経済産業省の「キャリア教育アワード奨励賞」受賞。「羽鳥慎一モーニングショー」「徹子の部屋」（テレビ朝日系）、「セブンルール」（カンテレ・フジテレビ系）などメディア出演多数。著書に、英語経験ゼロの子も1冊で長文読解までできるようになるドリル『英語ぐんぐんニャードリル　ひろつるメソッド 最短最速！ ゼロから一気に中2終了』、子どもが楽しく英単語暗記をできる『英語ぐんぐん ニャー単600 ゼロから一気に中1終了』、娘と実践した家庭学習メソッドを公開した『成功する家庭教育 最強の教科書』（講談社）他。https://dirigo-edu.com

＊本書は、FRaUweb 2020年9月～2023年5月公開の連載記事「家庭学習の極意」をベースに、大幅に加筆修正し構成し直したものです。

ハーバード生《せい》たちに学《まな》んだ「好《す》き」と「得意《とくい》」を伸《の》ばす子育《こそだ》てのルール15

2023年6月21日　第1刷発行

著　者　廣津留真理《ひろつるまり》

発行者　鈴木章一

発行所　株式会社講談社
〒112-8001 東京都文京区音羽2-12-21
☎03-5395-3606（販売）　☎03-5395-3615（業務）

編　集　株式会社講談社エディトリアル
代表　堺 公江
〒112-0013 東京都文京区音羽1-17-18 護国寺SIAビル6F
☎03-5319-2171

印刷所　株式会社新藤慶昌堂

製本所　株式会社国宝社

KODANSHA

＊定価はカバーに表示してあります。

＊動画サービスは、予告なく終了させていただく場合があります。あらかじめご了承ください。
＊落丁本・乱丁本は、購入書店名を明記のうえ、小社業務宛てにお送りください。送料小社負担にてお取り替えいたします。
＊この本の内容についてのお問い合わせは、講談社エディトリアルまでお願いします。

191p 18cm ISBN978-4-06-532092-1